反季热销

发挥隐性资产的力量

[日] 和田宽 —— 著　孙逢明 —— 译

中国科学技术出版社
·北　京·

SKI JOU WA NATSU NI MOUKERO! by Yutaka Wada, ISBN: 978-4-492-50338-6
Copyright © 2022 Yutaka Wada
Illustrations © Sho Hidaka, TREND-PRO
All rights reserved.
Original Japanese edition published by TOYO KEIZAI INC.
Simplified Chinese translation copyright © 2025 by China Science and Technology Press
Co., Ltd.
This Simplified Chinese edition published by arrangement with TOYO KEIZAI INC., Tokyo,
through Shanghai To-Asia Culture Communication Co., Ltd.

北京市版权局著作权合同登记　图字：01-2023-5240

图书在版编目（CIP）数据

反季热销：发挥隐性资产的力量 /（日）和田宽著；
孙逢明译 . -- 北京：中国科学技术出版社，2025. 2.
ISBN 978-7-5236-1135-7

Ⅰ . G863.1

中国国家版本馆 CIP 数据核字第 2024LA3639 号

策划编辑	王碧玉	责任编辑	王碧玉	
封面设计	潜龙大有	版式设计	蚂蚁设计	
责任校对	焦　宁	责任印制	李晓霖	

出　　版	中国科学技术出版社
发　　行	中国科学技术出版社有限公司
地　　址	北京市海淀区中关村南大街 16 号
邮　　编	100081
发行电话	010-62173865
传　　真	010-62173081
网　　址	http://www.cspbooks.com.cn

开　　本	880mm×1230mm　1/32
字　　数	129 千字
印　　张	6.125
版　　次	2025 年 2 月第 1 版
印　　次	2025 年 2 月第 1 次印刷
印　　刷	北京盛通印刷股份有限公司
书　　号	ISBN 978-7-5236-1135-7/G・1072
定　　价	69.00 元

CONTENTS 目 录

序 章　　**夏日的白马村**

"夏季比冬季更赚钱的滑雪场"的诞生　003

被日本的乡下迷住的前官员　006

与白马村的邂逅和危机感　008

入职后才发现商业形势严峻　009

本书的结构　011

复兴白马村需要当地人的力量　013

第一章　　**太可惜！找出隐性资产吧**

最重要的是正确定义业务　017

我们的业务不是经营滑雪场　019

什么是隐性资产？　020

白马岩岳的隐性资产是什么？　026

利用隐性资产的项目开始启动　027

第二章　　**与模仿说再见，陈腐才是最大的敌人**

利用隐性资产的最基本的思想准备　033

"白马山港"的独特之处是什么？　035

将考究落在细节上——设计时最优先考虑景观　037

追求"上镜"　039

美食与美景的双重主演　041

日本第一家山地卡丁车的登场　042

与模仿说再见　044

第三章　**先玩再说！当地人知道什么好玩**

当地人知道真正好玩的东西　049

惨遭失败的"滑雪场烧烤"计划　050

"将白马牵到白马村来"　052

外部视角当然也很重要　055

活用顾问和官员的经验　057

日本最大的滑雪场诞生了　058

恢复山地自行车圣地　060

用外部视角将当地的想法转化为商机　063

即使是普通的商务技能，在小地方也能提升价值　064

为了培养外部视角，我们会亲自游玩　065

第四章　**不要限制自己的视野！在面上思考事物，而不是在点上**

白马岩岳总体规划　071

白马岩岳的街区魅力和课题　073

构建振兴街区的方案　074

当地人的反应和阿悟　076

本地人独有的力量　077

"旅笼丸八"建成　079

从"面"上考虑事物的重要性　080

第五章　**不要在意自身水准！和最棒的伙伴合作**

不要畏首畏尾，不要害怕被拒绝　085

满怀热情，绝不放弃，苦口劝说　087

大汗淋漓的会议　088

加盟店是个双赢的解决方案　090

刚开业就迎来了暴风雨　092

通过与外部人士合作，强化外部视角　093

与雪峰总经理山井太相遇　094

在秋高气爽的碧空下达成合作　096

雪峰白马股份公司成立　097

借助茶巴蒂公司的力量，"白马片刻之森"开业　099

寻找合作伙伴的旅程　102

选择最合适的合作形式　104

对方能得到什么好处？　106

坚持到最后，不怕被拒绝　107

第六章　**灵活运用外部力量！组成强有力的助威团**

与"无限开关"成员真太郎的相遇　114

从大手町的星巴克到白马村　115

ISEKI 先生迷上了白马村　116

与助威团一起克服各种困难　117

新冠疫情来袭　119

GAKU-MC 先生的眼泪　120

助威团和合作伙伴　122

把身边的人拉进助威团　124

用土地和团队的魅力吸引更多的助威团　126

第七章　　**挺起胸膛！索取报酬不丢人**

盛况空前的"Yoo-Hoo! SWING"　131

索取报酬，才能继续发展　134

永远的竞争对手！　135

国外的滑雪场行业　136

反观日本的滑雪场行业……　137

全行业爆发低价竞争　138

经历了新冠疫情之后，低价竞争进一步加剧　141

在人口减少的社会建立可再生产的产业结构　142

日本国内滑雪场唯一的贵宾服务"白马Ｓ级"贵宾诞生　143

继续努力提高客单价　145

第八章　　**等一下！越是进攻的时候，成本管理越重要**

出现创纪录的严重赤字　152

随着销售额的增加，成本高的事实被掩盖了　153

紧急状态下的预算编制　154

"尽一切可能"的成本管理措施　155

通过与当地名店合作控制成本　157

导入店长制度　159

现场改善能力将成为最重要的能力　161

对工作人员的努力和成长给予回报，有利于下一步
工作的开展　163

不能忘记"规模经济"和"竞争原理"　164

通过全面的努力削减成本　166

第九章　**不试试怎么知道！胜负由"击球数量"决定**

没有什么"绝对会成功的秘诀"　171

接连不断地打出小球　172

必要的思考方式　175

把更多的资源投入实践，而不是计划　176

能持续击球的团队很重要　177

团队的力量　178

"早点脱离经验曲线"的重要性　179

一起奔跑　179

第十章　**在整个日本寻找并打磨隐性资产**

故事才刚刚开始　185

打造成真正的日本宝藏　186

序章
夏日的白马村

那天的人山人海令人热泪盈眶

位于白马岩岳山顶的观景台"白马山港（Mountain Harbor）"吸引了众多游客来访。不少人默默地坐在那里，眺望着眼前绝美的风景。

2022 年 5 月 4 日，正好位于黄金周中间。

驱车前来夏日滑雪场的游客多得令人吃惊。

售票口前面也排起了长龙。

由于人手不足，我虽然身为总经理，也被召集去指引停车。

有一位女游客问我："今天在搞什么活动呀？"

那天我们没有搞任何活动，和平时的营业状态没什么两样。

是因为我们以前付出的种种努力赢得了顾客的口碑，大家口口相传，再加上节假日正赶上好天气，滑雪场才会迎来这么多游客。

结果那天来游玩的顾客人数为 4700 人，刷新了滑雪场淡季（4—11 月）客流量的历史纪录。

白马村是日本的宝藏，我非常喜欢这里，想让国内外的更多人领略它那优美的风景。我想凭借在以往的职业生涯中积攒的经验，用余生完成这项事业。

我怀揣这样的梦想来到了白马村，一住就是 8 年。那天晚上我和团队成员共同分享了成功的喜悦，当时的感觉至今仍记忆犹新。

⇒ "夏季比冬季更赚钱的滑雪场"的诞生

我们能走到今天，这一路绝非康庄大道。

我们的策划要追溯到 2016 年，那是我搬到白马村之后，开始负责运营白马岩岳度假村的公司的第 3 个年头。

自 2010 年以来，滑雪场游客数量稳定保持在 12 万人左右，但是由于连续 2 年冬天降雪较少，2015 年冬天的游客数量一下子减少到了 7 万多人。

来到白马村没几年，我就迎来了滑雪场生死存亡的紧急关头。

滑雪场面临的形势很严峻，以后也可能经常会遇到降雪较少的冬季；即使是那些一直支持我们的海外滑雪爱好者，一旦国际形势发生变化，也有可能不再光顾（事实上，由于新冠疫情，我的这个担心变成了现实）。

日本国内的滑雪爱好者人数也在急剧减少，因为年轻人的数量在减少，而他们是滑雪、单板滑雪的主要顾客群体。

而且，白马岩岳在白马村属于海拔较低的地方，冬季可供滑雪的时间较短也是一个不利条件。无论怎样盘算，如果只靠冬季的几个月赚钱，夏季则关门歇业的话，这种商业模式在不远的将来就会走到尽头。

面对这样的危机感，我们苦苦挣扎了 5 年，一直在思考"接下来该怎么办"，也尝试了很多对策。

我们在山顶打造了观景台"白马山港"，从那里可以眺望北阿尔卑斯山 ① 的壮丽风光。

---

① 即日本的飞驒山脉，横跨富山县、岐阜县、长野县与新潟县的一部分。——编者注

我们搭建了名为"Yoo-Hoo! SWING（哟呼！摇摆）"的大型秋千，可以让游客体验一种荡进山林里的壮阔感（请想象一下《阿尔卑斯山的少女》中的秋千）。

我们在雪峰（Snow Peak）公司的监督之下修建了舒适的户外空间"岩岳绿色公园（Green Park）"。

我们引入了日本首个源自德国的户外运动"山地卡丁车"。

我们遵循使用本地食材的理念，开了一家自选模式的餐馆"白马德里（Hakuba Deli）"。

我们修建了"白马岩岳山地自行车公园"，复兴了这个山地自行车运动的圣地。

为了让民宿不断倒闭的城镇重获新生，我们成立了街区振兴公司。

我们邀请在表参道①和京都岚山大受欢迎的茶巴蒂（CHAVATY）②来观景区开了一家名为"白马片刻之森"的分店，在这里游客可以用五感来体验大自然。

另外，我们还同时设计了多种方案，制定了团队全体成员齐心协力迎接顾客的制度。

2016年淡季的顾客人数只有2.5万人左右，2021年则突

① 日本地名，是东京最著名的购物胜地之一，云集了众多国际知名品牌。——译者注
② 一家主打茶拿铁和司康（Scone，一种英式面包）的网红店。——译者注

破了 13.4 万人，2022 年预计会超过 18 万人（根据 9 月底的数据预测）。

看一下图 0-1 你就会发现，这个数字远远超过了冬季的游客人数。也就是说，我们成功打造出了一个"夏季比冬季更赚钱的滑雪场"。按照一整年来看，滑雪场也是完全赢利的。

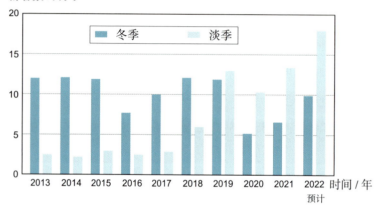

图 0-1　白马岩岳度假村的游客人数

这些对策的背后其实有一个我们共同的想法，那就是"找出并打磨隐性资产"。在本书中，我想通过我们的成功案例和失败的教训解释一下这个想法。

➡ 被日本的乡下迷住的前官员

抱歉，自我介绍来迟了。我叫和田宽，担任株式会社岩岳度假村的总经理，负责运营"夏季比冬季更赚钱"的白马岩岳度假村。

　　我本来和长野县以及白马村没有任何关系。我生于东京，大学也是在东京上的。不过，我很喜欢旅游时见到的乡下的自然风光，心想着有朝一日"我要从事振兴日本乡村的工作"。

　　读大学时，我加入了东京大学体育会的美式足球社团。由于一心扑在社团上面，我把课业抛在了一边，花了 5 年时间才毕业。不过我总算通过了国家公务员考试，作为农林水产省 ① 的一名所谓的高级官员，开始了职场生活。

　　农林水产省的工作是发展日本的农林水产业，振兴乡村。这正是自己梦寐以求的事业，最初我怀着满腔热情投入工作中。

　　然而，高级官员的职位渐渐变得令我感到烦恼。我的许多日常工作都是办公室内部业务，比如整理各种法令和规章制度、准备申请预算的材料、汇总在国会答辩时的陈述内容。我不确定我所做的工作是否真的有助于实地的乡村振兴。

　　此外，随着我对乡村现状的了解，我深刻认识到："除非以农林水产业为首的'实业'得到振兴，否则乡村就不会得到振兴。"然而，仅靠在政府办公室做内部业务，我无法获得搞实业的知识。

　　最后，我在政府干了 8 年之后，决定到一家战略咨询公司

---

① 日本国家行政机关之一，主管农林、畜产、水产业。

工作，目的是先增长实业方面的知识。

我选择的是贝恩公司（Bain & Company），一家总部设在美国的企业。该公司是国际上知名的"三大战略咨询公司"之一。

在贝恩工作期间，我每天的压力非常大，加班到深夜是常态——如果你无法提出能带来结果的方案，就会被打上无能的烙印。

不过，我切实感觉到我正在飞速吸收自己苦苦寻觅的"实业知识"。此外，当我的提案开始直接为客户带来成果时，摆在我面前的工作变得越来越有趣。我开始不断投入其中，转眼间五六年时间就过去了。

但是，我当时的工作和最初"为乡村注入活力"的目标变得毫无关系了。为了弥补这一点，我几乎每个周末都要出去，在繁重的咨询业务中忙里偷闲——冬天去滑雪场，夏天去爬山。

与白马村的邂逅和危机感

有一天，我来到了白马村。

这个滑雪场的规模在全日本是数一数二的。整洁、祥和的小镇街景背后，是气势雄伟的北阿尔卑斯山的山地景观。

我当时觉得："在日本，没有其他任何地方比这里更有潜力成为山地度假胜地。"

然而，当时从国外来白马村的滑雪爱好者虽然逐渐开始增加，但日本本土的游客却在逐年减少。当我在白马岩岳的一家客栈住宿时，上了年纪的老板娘感叹说："最近这个小镇越来越没有活力了。"

也许那些从遥远的国外来的人看到了这个"宝藏"，而本应近水楼台先得月的日本人却没有注意到它。如果就这样放任不管，这个宝藏可能会变得陈旧腐朽，最终灰飞烟灭。

我心里滋生了这样的危机感。

我想让日本和国外的更多人了解到白马村的巨大潜力。

这里一定有很多地方可以用到我在中央政府和咨询业获得的经验和技能。

一想到这里我就寝食难安，于是我结束了近 7 年的咨询工作，于 2014 年搬到了白马村。这是一个与我没有任何地缘或血缘关系的地方。我入职了管理滑雪场的日本滑雪场开发公司，开始在运营白马滑雪场的分公司上班。

⇛ 入职后才发现商业形势严峻

我一开始想得很简单，觉得自己可以一边滑雪一边开心地工作，然而没过多久就见证了滑雪场行业所处的严峻现状。

首先，日本国内滑雪市场的参与率已降至 20 世纪 90 年代高峰期的三分之一左右，而滑雪爱好者每年滑雪的平均次数也从约 6 次降至约 4 次。

其次，随着出生率的下降和人口老龄化的加速，预计滑雪参与率较高的十几岁到 40 多岁的青壮年人口将比其他年龄层的人下降得更明显。也就是说，市场继续萎缩的风险非常大。

再次，对于企业维持经营至关重要的设施，如爬山电梯和休息厅，正在逐年老化。现在所有爬山电梯的平均使用年限都已超过 35 年，投资更新是不可避免的事。然而，考虑到滑雪场的收入和投资规模，这并不是一件轻而易举的事。

当我还是一名顾问时，我曾经建议客户："在考虑并购时，你应该做好商业尽职调查，确认对方公司和行业的潜力。"然而，我惊讶地发现，在我换工作时，我却完全忽略了这一点。

最后，降雪量少、商业环境一年比一年艰难，以及新冠疫情的蔓延导致的入境旅游受限，令这样的商业环境雪上加霜。

那么，白马岩岳是如何做到不畏艰难、成功"复兴"的呢？

我们是怎样想的？又采取了什么样的举措？

作为支撑复兴的根本举措，"发现和利用隐性资产"是什么意思呢？

我想通过本书把以上问题的答案介绍给大家。

市场的萎缩和现有设施的陈旧化并不是滑雪业或旅游业独有的问题。日本的所有产业似乎都在原地踏步。面对这些结构性问题，我们无法采取任何新的措施。

那么，我们应该如何提出想法并将其付诸实践？我希望本书能够为被不断恶化的商业环境所困扰的商务人士提供一个启示。

⇌ 本书的结构

本书由以下内容组成（图0-2）。

何谓隐性资产
第一章

隐性资产的寻找方法
第二章 思想准备　第三章 寻找的"视角"　第四章 寻找的"场所"

隐性资产的打磨方式	
借助外部力量 第五章 合作伙伴的力量 第六章 助威团的力量	积蓄内部力量 第七章 价格战略 第八章 成本管理

持续寻找、打磨隐性资产
第九章 提高团队能力

图0-2 本书的结构

在第一章中，我将为大家解释到底什么是隐性资产，这也是白马岩岳复兴的关键词。你读完之后，就会发现"**似乎自己公司或自己所在的地区也有出人意料的隐性资产**"。

但是，既然是"隐性"资产，那就不容易被找到。**寻找隐性资产**也有窍门。

因此我将在第二章中讲解为了找到隐性资产的**基本的思想准备**，在第三章和第四章中分别解释**用来寻找的有效视角**和应该具体**寻找的场所**。

然而，隐性资产不是魔法棒，并非找到它就一定能获得成功。**找到之后还需要打磨，最大限度地提高其魅力**。因此，我将在第五章至第八章中讲解**隐性资产的打磨方式**。

要想打磨隐性资产，我们不能单凭自己团队的力量，有时候还需要借助外部力量。我将在第五章和第六章中分别解释如何借助合作伙伴和助威团的力量（关于**合作伙伴**和**助威团**的区别，请参见正文）。

当然，我们不可能全靠外部力量，也需要**积蓄自己的力量**。为此，你就需要掌握第七章中介绍的**价格战略**和第八章中介绍的**成本管理**。小地方或小企业往往会忽视这两个战略。

以上是寻找并打磨隐性资产的方法。实际上，我们需要**多次重复这一系列流程，持续成长**。为了实现这一目标，我将在最后的第九章中讲解**提高团队能力的方法**。

复兴白马村需要当地人的力量

当然，我仅凭一己之力无法完成这些举措。确切地说，我的力量是非常微弱的，多年来为了当地的发展尽心尽力的诸多人士的力量是不可或缺的。

在此我不一一列举名字，只重点介绍其中 3 位在本书中经常出现的当地人——他们和我一起组队，一直帮我出谋划策。

首先是白马岩岳度假村的副总经理山崎健司先生（健司）。他虽然已经年近五十，却还是一副孩子王的劲头儿，还曾长期在岩岳担任巡逻队队长，熟悉山里的各个角落，可谓"现场管理员"。

其次是担任营业部长的太田悟先生（阿悟）。他是地地道道的当地人，从小在白马岩岳地区长大，可以说在这一带无人不知、无人不晓。他是人见人爱的"超级营业员"。

最后是最年轻的宫嶋浩司（浩司）。他进公司第 15 年了。在来自东京的我看来，公司里的人"全都是滑雪专业水平"。他更是拥有卓越超群的滑雪技能，堪称"超级滑雪玩家"。1998年长野县举办冬奥会时，白马村也是主会场之一。当时他作为县内[①]高中生中滑得最快的运动员之一，曾受命在女子高山滑雪比赛前试滑。

———————

① 本书中说的县内均指长野县。

这 3 个人，再加上我这个"外来的傻瓜"，逐渐带动周围的人，形成了一股巨大的浪潮，成功"复兴"了白马岩岳。

接下来我将介绍我们艰苦奋战的经历，如果多少能给各位读者带来参考价值，我将感到不胜欣喜。

Yoo-Hoo! SWING

第一章
太可惜！找出隐性资产吧

何谓隐性资产

　　这是荡进北阿尔卑斯山的绝佳景色中的大型秋千"Yoo-Hoo! SWING"。这里已经成为超级有人气的景点，很多人都是奔着它来的，有时候需要等好几个小时。

"你们觉得我们白马岩岳开展的是什么样的业务？我们为客户提供的是什么样的价值？"

那是 2016 年秋天的一个晚上。

我们把一个烧烤炉和大量酒水搬到白马岩岳的山顶，开会商讨行动计划。成员有"现场管理员"健司、"超级营业员"阿悟、"超级滑雪玩家"浩司，还有我。

我一手拿着一罐刚打开的啤酒，一边烤着辛辣的猪大肠，这是隔壁小谷村的特色菜。就是在这个时候，我向他们三人提出了本章开头的那个问题。

我记得当时他们三个人都露出了茫然的神情："这里是滑雪胜地，我们做的当然是滑雪场的生意啊。"

那么竞争对手是谁？

他们的回答是"白马五龙""志贺高原""野泽温泉"……这些全都在日本国内，而且是同在长野县的滑雪场的名字。

但是真实情况是这样吗？

➡ 最重要的是正确定义业务

自己公司的业务到底是什么？

通过自己公司的活动，你要为客户提供什么价值？

思考战略的基本前提是你如何定义自己公司的业务。如果你搞错了这一点，就有可能直接导致重大的战略失误。

错误定义业务的典型例子是总部设在美国的伊士曼柯达公司（以下简称柯达）。在数码相机开始流行之前，该公司在氯化银胶片行业中的市场份额位居全球第一。

据说柯达是最先研发数码相机的公司。但是，该公司将其业务描述为"为客户提供化学胶片以保存其图像的公司"，没有投入足够的力量发展其他业务。因此，该公司被全球数字化的潮流抛在后面，最终在 2012 年申请破产保护[①]。

与此形成鲜明对比的是富士胶片公司。它在胶片界的地位仅次于柯达。该公司将自己的业务重新定义为"为帮助客户以映像的形式保存重要的瞬间而提供工具""提供客户所需的化学产品"。

因此，该公司积极拓展了数码相机、液晶电视保护膜和医疗产品等业务。它已经成功地在众多领域保持了全球影响力。

还有一些案例，如宝丽来公司（2001 年经营失败）顽固地坚持"拍立得业务"，美国玩具反斗城（2017 年经营失败）在网络购物迅速发展的背景下未能彻底摆脱"在实体店零售玩具"的经营模式。

有些企业在不断变化的时代中错误地定义业务，并在此基础

---

① 2012 年柯达公司申请破产保护，2013 年成功进行公司重组，仍为上市企业，但其收入大大缩水。——编者注

上制定战略，因而遭到了毁灭性打击。这样的案例数不胜数。

能否正确定义业务，能否根据环境的变化正确地重新定义业务，可以说是决定公司生死存亡的关键点。

⇒ 我们的业务不是经营滑雪场

那么，我们白马岩岳对自身业务的定义是什么？

我们一边谈论柯达的事，一边吃着终于烤熟的猪大肠，继续进行讨论。

日本国内的滑雪场业务在过去的 30 年间，市场已经萎缩了三分之二，今后随着人口的减少，很明显市场将进一步缩小。这就好比，你站在和以前一样的竞技台上，和同样的对手较量，蓦然回首，却发现没有人看这场相扑比赛了。

我们拥有的资产不仅是滑雪场的爬山电梯和练习场地，还有更多可以利用的东西。

出于这样的想法，我们讨论之后得出的结论是：“我们从事的并非滑雪场业务。”

我们所在的竞技台是“休闲产业”。用更具体的语言来说，我们从事的业务如下：

“我们请国内外的顾客在这里度过半天多时间，提供给他们的不是有形的产品或商品，而是让他们感到满意和舒爽、以一种全新的精神面貌回归到原来的生活当中。”

这样一想，我们的竞争对手不仅限于本县的滑雪场，很明显也包含二世古（Niseko）和藏王等位于北海道或日本东北地区的滑雪场。此外，我们也必须把北美洲和欧洲的滑雪场看作明确的竞争对手。

当然，不仅滑雪场，还有游乐园、露营地、高尔夫球场、电影院、动物园和水族馆等设施也是我们的竞争对手。同时，我们也需要把京都和冲绳等地的旅游景点看作竞争对手。

不仅那些有形的设施，甚至游戏、智能手机和互联网等我们也应考虑在内。从某种意义上来说，它们也会跟我们抢夺客户的时间和钱包。

➡ 什么是隐性资产？

那么，作为休闲产业中的一分子，我们能做些什么？

通过消除人们以前对"滑雪场"的刻板印象，我们应该可以做一些新的事情。

思考这个问题的关键是找到隐性资产并充分利用它。自从那次在山顶召开了筹划会议，一直到今天，我们是"一条道跑到黑"，不停地思考这个问题。

所谓隐性资产，简单来说，就是经过打磨之后将会成为该公司或地区的财富，可是由于某种原因一直被埋没的东西。

因为利用的是已有的东西，所以它比从头开始制作某种东西更能节省成本和时间，客户也更容易明白"我们为什么要在这里搞这项业务"。

因此，如果你有眼光发现真正有潜力的隐性资产，你获得成功的概率将会大大增加。

"发现和利用隐性资产"将是贯穿本书的一个重要主题。因此，请允许我详细解释一下这个隐性资产到底是指什么。

隐性资产大致可以分为三类（图 1-1）。

物
土地、建筑、机械等有形资产和当地特有的景观等

日本最美星空
阿智村

运河沿岸的仓库群
TY 港湾（T.Y.HARBOR）

出租车座椅背面的空间
出租车广告

吸引了众多顾客的服务区
高速公路

通过自家广告获得的促销技术
轻松印（Raksul）

利用和厂家的协作能力与谈判能力（技术），翻新原有的郊外大型店铺（物），吸引现有的活跃顾客（人）
爱篷户外用品（Alpen Outdoors）

每天定点经过的众多乘客
日铁站内业务

推广自媒体的技术
派可传媒（PECO）

与购车顾客的联系
丰田金融业务

通过研发露营产品获得的关于打造舒适露营体验的知识
雪峰

主动成为代言人的狂热粉丝
雪峰

通过现有业务积累的公司内部的经营能力

通过现有业务发展起来的顾客关系与粉丝

技术

人

图 1-1　隐性资产的分类和案例

物

指在土地、建筑、机械等有形资产和当地特有的景观当中，

目前尚且不能将其价值充分提供给客户的东西。

在旅游业中，因为活用隐性资产而博得人气的知名案例之一，就是长野县阿智村的星空观赏业务。

阿智村很早就在日本环境省举办的星空持续观测活动中，被评为"日本星空最闪亮的地方"。然而，听说直到 2010 年左右，那里还只能靠昼神温泉和滑雪场等现有的旅游设施来吸引游客，到访的游客人数也在逐渐减少。

在这种情况下，担任天空园原冰雪世界运营公司的总经理、兼任阿智昼神观光局局长的白泽裕次和他的团队于 2012 年推出了以星空为卖点的旅游项目。他们着眼于"美丽的星空"这个原本就有（但并没有被利用）的概念，并对其进行了彻底完善。

结果，阿智村在 2019 年累计接待了 60 万名游客，成为县内屈指可数的热门旅游景点之一。

相近行业的案例还有很多，比如北海道 TOMAMU[①] 度假村的"云海展望台"，就是利用了"从山顶经常可以看到云海"的位置优势。东京的知名餐馆——天王洲的 TY 港湾（T.Y.HARBOR），重新装修了一个运河边的仓库，可以让食客最大限度地享受临河的风光。

如果我们把目光投向旅游业和餐饮业之外的领域，会发现高

---

① 位于北海道中部，"TOMAMU"一说来自阿伊努语，意为"湿地"。——编者注

速公路的服务区也是隐性资产。

进入 21 世纪以后，各家高速公路公司都对其服务区进行了翻新，引进了魅力十足的商铺，以图获得更多收益。如今，服务区的收益已经增长到与核心业务高速过路费的利润相当的水平。

出租车广告也是活用隐性资产的好例子。在出租车内安装液晶显示器，通过播放广告获得收入，成功将以前无人利用的出租车座椅背面转化为收益来源。

因此，所谓隐性资产，就是指**虽然很多人不曾注意，但是经过加工或经营之后，突然大放异彩的资产**。

其实每个公司和每个地区都有这种处于休眠状态的资产。

技术

隐性资产未必只是物，**通过现有业务积累的公司内部的经营能力（能力、技术）也属于一种隐性资产**。

以在线打印广告而闻名的轻松印公司（Raksul），通过开发自己公司的广告获得了专业技术，以此为基础开发了一项名为"升级（Nobaseru）"的电视广告服务，已在业内享有盛名。

作为日本最大规模的宠物相关媒体之一，派可传媒（PECO）也从推广自己公司媒体的经验中获得了相关知识，在此基础上提供数字营销咨询服务。

雪峰作为日本顶级的户外产品综合制造商之一，也在经营露营地管理业务。他们正与我们联手在白马村发展业务。这也可以说是一个利用从现有业务中获得的技术的典型案例。

因此，在考虑向核心业务以外的领域扩张时，利用从现有业务中获得的经营能力这一隐性资产可能是成功的秘诀之一。

人（顾客、粉丝）

我们通过现有业务发展起来的**"与顾客之间的联系、支持我们的粉丝"也是一种颇具魅力的隐性资产**。

丰田等汽车制造商推广的金融业务就是一个具有代表性的案例。具体来说，他们会利用顾客在经销商处购买汽车的时机，向其销售信贷和保险产品。

2020 财年，丰田集团的整体营业利润为 2.2 万亿日元[①]，其中约有 5000 亿日元是金融业务的利润。金融如今已经发展成为该集团的一项重要业务，其盈利额占总利润的 20% 以上。

日本铁路公司（日铁）的站内业务也可以看作利用"人"这一隐性资产的案例。在最近 10 年左右的时间里，这项业务发展得越来越完善。

从很早以前就有许多顾客光顾日铁的车站。然而，日铁的收入基本上靠卖车票，售货亭的销售额只占一小部分。日铁通过开展站内业务，将车站打造成了"让顾客尽情购物的地方"。

雪峰公司拥有大量热情的粉丝。粉丝在其产品研发和信息传播中发挥了重要作用。这也可以说是利用人这一隐性资产的案例。

这可能与雀巢咖啡等案例类似，这些品牌把粉丝当成了"代

---

① 近年日元汇率波动，1 日元相当于 0.04~0.06 元人民币。——编者注

言人"，让他们帮助传播信息和吸引新客户。

雪峰已经是一个众所周知的活用这类资产的案例，几乎不能称为隐性的了。然而，在大多数情况下，普通的公司和地区并没有充分利用他们的粉丝。

当然，将物、技术、人等隐性资产综合运用并走向成功的案例也不在少数。

超大型户外用品专卖店"爱蓬户外用品（Alpen Outdoors）"的成功就是其中之一。

爱蓬户外用品于 2018 年在爱知县开设了它的第一家店。过去爱蓬（Alpen）和运动德普（Sports Depo）等业态的发展停滞不前。在这种背景下，爱蓬户外用品作为超大型的户外用品专卖店，开创了一种前所未有的店铺形式，由于产品种类繁多而人气爆棚。

确实，户外活动的人气正逐渐复苏，也算是赶上了一个好时机。但是，从根本上来说，它成功的秘诀在于综合运用了以下隐性资产。

爱蓬户外用品利用的隐性资产

【物】

一些郊区的超大型店铺，由于滑雪运动的不景气等原因，一直处于萧条状态。

【技术】

策划能力：与制造商合作，共同打造店铺；谈判能力：将价格控制在合理范围内。

【人】

通过以往在爱蓬和运动德普开展的业务，在网上和线下发展了活跃的用户群体。

⇌ 白马岩岳的隐性资产是什么？

接下来让我们再次回到在山顶召开筹划会议的话题。

我问他们三个人："白马岩岳有哪些东西应该更受客户欢迎，却没有得到有效利用？或者说，白马岩岳最大的卖点是什么呢？"

阿悟说："应该是从山顶上眺望的壮观景色吧。随便问一个本地人，大家都会说'从岩岳山顶眺望的美景在白马村是数一数二的'。不过，没有多少游客因为这一点来到岩岳，所以它算是妥妥的隐性资产吧。"

健司对此也表示同意。他说："我觉得确实可以更好地推销这一景观。目前，在现有的爬山电梯的终点只有一个小小的观景台，旁边只放了三张用圆木做成的长椅。如果我们好好收拾打理一下，应该能够吸引更多的游客。我希望能有一个可以让游客尽情参观的观景空间。"

阿悟继续说道："在别的山顶上很少能看到平坦的草坪或山毛榉林，这些让人感到非常舒适，也算是一项隐性资产吧。就算不改造，游客从现在的观景台也能眺望到最棒的风景。这么一想，虽然没有得到充分利用却很有魅力的资产，我们这里似乎有不少呢。"

"原来如此，确实给人这种感觉。除了物之外，你们还能想到什么隐性资产吗？"我继续问道。

浩司自豪地说："在山顶上经营一个干净的商店，应该是一个相当有价值的做法！我们可以确保有电、自来水，还修好了路。我们几十年来一直在冰天雪地和恶劣的天气下坚持营业，这种团队的力量不是一笔很大的隐性资产吗？"

这番话启发了阿悟，他说："有一些客人来过一次白马村，就迷上了这里。无论是在夏天还是冬天，他们一次又一次来到白马村，说'没有什么地方能比得上这里'。我们应该叫他们回头客呢，还是叫粉丝呢，其中有些是商界的名人。如果能让他们参与进来，我想我们可以做更多有趣的事情。"

🔖 利用隐性资产的项目开始启动

这样的谈话持续了很久。当我们回过神来的时候，时针已经走过了 12 点。啤酒和清酒早就被喝光了，威士忌也差不多要见底了。

大约在这个时候， 个利用隐性资产的项目构想诞生了。那就是建设带观景台的咖啡厅，并利用整个山顶区域打造一片空间。

从结果来看，这个构想催生了带观景台的咖啡厅"白马山港"以及荡进绝佳景色中的秋千"Yoo-Hoo! SWING"。

"白马山港"利用的隐性资产

【物】

从白马岩岳的山顶眺望到的西侧白马三山的景色，以及对面的悬崖峭壁般的地形。

【技术】

在山顶的严苛条件下经营餐饮店的能力。

【人】

经过一位企业主（白马村的忠实顾客）的介绍而结缘的城市烘焙馆（THE CITY BAKERY）。

【成果】

2018 年 10 月开业之后，第一个月就吸引了约 3 万名游客，比之前淡季几个月的游客总数还要多。

Yoo-Hoo! SWING 利用的隐性资产

【物】

旧的爬山电梯终点的设施，已近 10 年没有投入使用。

【成果】

这个秋千让人联想到《阿尔卑斯山的少女》中的秋千，因此在社交网站上掀起了热潮。仅在淡季的 6 个月时间里，就有 2.5 万多名游客来访，一下子变成了很受欢迎的设施，在人最多的时候需要排队约 5 小时。

这两个设施都通过利用原有的景观、地形和平台，以小额投资创造出了惊人的效果。

重要的一点是，这些设施并不是从"零基础"开始被创建的。关于如何发挥原本已经存在的价值，我们经过了深思熟虑。正因为如此，才收获了超高的成本效益。

当然，即使你成功地列出了你的隐性资产，也并不意味着一定会取得成功。相反，分娩前的阵痛才刚刚开始。

在接下来的章节中，我将为大家解释一下我们的团队是如何发现并完善隐性资产的。

 **第一章小结**

☑ 最重要的是如何定义自己公司的业务。

☑ 隐性资产包括三种：分别是"物""技术"和"人"。

☑ 利用隐性资产比从头开展新业务更简单，也有一定的知名度基础。

☑ 利用隐性资产的业务，收获的成本效益要高得多。

☑ 找到隐性资产并不意味着一定会成功。

第二章
与模仿说再见，陈腐才是最大的敌人

寻找隐性资产的"思想准备"

"白马山港"的目标是最大限度地利用绝佳风景这一隐性资产，不模仿任何景点，彻底追求"独创性"。

山港完工！

点头

这里通往绝美的风景，我们称之为"泰坦尼克"

呃……确实想模仿一下啊……

"总之，就是利用白马三山的风景打造一个观景台对吧？参考现在最火的琵琶湖的观景台就行吧？"

我们在岩岳山顶彻夜召开的筹划会议结束了。

几天之后，我在平时用于联络交流的飞书信（Facebook Messenger）的聊天群"白马国际交流会"里看到了"超级滑雪玩家"浩司的这条留言（虽说群名叫"白马国际交流会"，其实我们的目的并不是进行国际交流。之所以叫这个名字，是因为每次我和健司、阿悟、浩司 4 个人一起去喝酒，必定会去白马站前菲律宾老板娘经营的小酒吧喝第二轮）。

浩司从小就一直坚持滑雪，擅长全神贯注地直线前进。也许是性格使然，他才这么急于得出结论。

然而，在其他成员的脑海里，黄色信号灯却闪烁起来了。直觉告诉我们："那样做行不通，那样下去不太妙。"

➡ 利用隐性资产的最基本的思想准备

看到浩司的发言之后，大家开始了热烈的讨论。

健司："我说浩司呀，事情可没那么简单啊。琵琶湖观景台的设计是俯视湖面的，我们要修建的是仰视对面山峰美景的场所。即使做出来类似的观景台，也未必有吸引力吧？"

阿悟："要是被人认为是换汤不换药，我们也很难请媒体过来宣传。我们要建的东西必须给人一种独一无二的感觉。"

我看到这些信息之后，对所有人回复道："那么，接下来我们在采取振兴措施的时候，最需要注意的事项是什么呢？我们的想法是利用隐性资产振兴白马岩岳。我们必须更加有效地利用隐性资产，而且效果必须是持久的。这么一想我们就会发现，并不是任何隐性资产都可以随便拿来用的。"

阿悟："以我们现在的情况，不可能在广告上花大把的钱，所以要是尽可能让别人主动帮我们宣传。电视台的人跟我说，如果有'日本第一'或'国内首家'之类的宣传口号，会更方便报道。"

健司："我们必须打造别人难以模仿的东西，要坚持做只能在白马村或者岩岳做的事情。这样一来，我们就能讲述为什么要在白马岩岳做这些事情了，而顾客也会愿意大老远地跑到岩岳来体验。这大概就是阿悟所说的'尽可能让别人主动帮我们宣传'的意思吧。"

浩司："我明白了……反过来说，如果我们完全模仿别人，也就意味着会轻易被别人模仿啊。"

我感觉思路逐渐厘清了。我用这段文字为当时的谈话做了总结："那么，在利用隐性资产时，我们把以下内容作为基本立场吧。我们不要简单地模仿其他地方的成功案例，而是应该坚持探索'白马村的独特之处'，努力成为'日本唯一''日本最早''日本第一'。至于在其他地方行之有效的案例，我们应该站在自己的立场上进行分析想想他们为什么会成功，并把好的元素拿来作为参考。不过，我们推销白马岩岳时，需要重新配置这些元素，并附加新的价值，目的在于让第三方清楚地认识到它的独特之处。这样一来，我们就可以避免很快被埋没，也更容易让游客和媒体了解，更容易让他们帮忙宣传。这应该是我们利用隐性资产时的'首要方针'。"

⇉ "白马山港" 的独特之处是什么？

说到底，"白马山港"就是一个乘坐爬山电梯或缆车到山上欣赏风景的地方。这个构想本身并不稀奇。

我在"物的隐性资产"部分介绍过的北海道的云海展望台就是这样的案例，还有浩司提到的滋贺县的琵琶湖观景台也是如此。近一点的案例有山梨县的清里观景台以及集团公司运营的北志贺龙王的天空观景台（SORA terrace）。

我们坚信，白马三山的壮丽风光是具有绝对吸引力的隐性资产。但是，因为有这些先例，如果我们不好好地宣传自己的独特之处，就有被埋没的风险。这是无法否认的事实。

具体应该怎么做才好呢？为了想出好的主意，我们需要绞尽脑汁。

请大家继续看一下"白马国际交流会"的聊天记录。接下来由我提问。

我："你们想坚持做什么？你们觉得我们与众不同的地方有哪些？"

健司："即使同样是从观景台看到的美景，正对着白马三山的风景也是别具一格的。我在白马村生活了 40 多年，每当在晴朗的日子里看到这些山，我都觉得它们是那样雄伟壮丽。能够出生在这里，我真的太幸运了。通过直截了当地表达这一点，我们就能把它和其他地方区别开来。"

阿悟："我们在设计的时候必须注重展示山景。具体怎么设计还要听取专家的意见，这一点不能忽略。那么，我们应该拜托谁帮忙设计呢？"

浩司："可是，其他观景台肯定也在设计上下功夫了吧。我觉得坚持比其他设施更好、更时尚的设计自然是很重要的，不过光靠这一点还有些不够吧？"

浩司也逐渐抓住了谈话的要领。他指出的问题很直接，但是很重要。

最后，我总结道："我们再仔细调查一下其他成功案例，找出其他地方没有的元素吧。"当天的聊天到此结束。大家都在网上查询了一阵子。

几天后，当我结束了外面的工作回到公司时，阿悟一脸兴奋地等在那里："啊，和田先生！我发现，还没有哪个景点可以一边欣赏美景一边享受大餐或咖啡，顶多都是卖一些小吃。可是，在山上吃的饭超级美味不是吗？这不能成为卖点吗？"

听他这么一说，我才意识到，每当有什么重要事情的时候，我们也总是在山顶上烧烤。

我自己也无法忘记，第一次受邀参加山顶烧烤时的那份感动。几个男人一起做的粗茶淡饭，却让我感觉比任何高级餐厅的大餐都要好吃。

"那，你是说搞烧烤吗？"我问道。

我的想法过于简单，健司赶紧叫停："不，我们最想吸引的游客是年轻女性。她们眼光很高。我想把重点放在时尚的菜品和空间上。如果我们能令她们满意，她们就会主动帮忙宣传。搞烧烤的话恐怕不大行。"

的确如此。阿悟和浩司也表示"原来如此""有道理"，似乎都接受了健司的看法。

将考究落在细节上——设计时最优先考虑景观

"设计时要全面展示美丽的山景。"

"要将美味的食物和咖啡、时尚的空间与绝美的风景组合在一起。"

一旦确定了这个方向，剩下的就只是执行了。

在设计方面，札幌的远藤建筑工作室的董事长远藤谦一良先生给我们提供了很多帮助。如今回想起来，当初我们提出的要求非常"飘"，但他耐心地帮我们一一落到了实处。

我们最想要的是在某个地方带给游客惊喜。

从白马岩岳的缆车山顶站出发，穿过一片森林，向前走200

米左右，就来到了"白马山港"。白马三山正对面的悬崖上有一片开阔的土地，露台和咖啡馆就建在那里。

通过设计，在到达这个露台之前，森林和建筑巧妙地遮挡了游客的视线。游客要想到达露台，需要走过一座桥，在过桥的时候，桥两侧并排的建筑就像"画框"一样遮挡了他们的视野，让他们无法感知周围的环境（图 2-1）。

图 2-1 "白马山港"的入口

然后，当他们穿过"画框"的一瞬间，视野一下子变得开阔起来。不仅白马三山，就连鹿岛枪之岳、五龙岳、唐松岳、大日岳等后立山连峰的风光都变得一览无余。

在阳光明媚的日子里，游客总是会在那里停下脚步，发出惊叹声，也有人惊得说不出话来（这是我们最喜欢看到的反应）。

那一刻，我们对于独特性的追求和充分利用景观的设计征服了游客。

⇒ 追求"上镜"

在设计方面，另一个考究之处在于露台的设计——当游客坐下的时候，视线不会被前排的人遮挡。为了不让坐在前面的人遮挡后面的人，我们设计了类似体育场观众席的台阶。这样一来，无论游客坐在哪个位置，都能够享受到与白马三山面对面的感觉。

最后一个用心之处就是伸向白马岳的突出部分（我们称之为"泰坦尼克"）（图 2-2）。当站在"泰坦尼克"上时，你就能体会到被大自然全方位包围的感觉。当然，这里也是最"上镜"的拍照地点。

图 2-2　"泰坦尼克"的平台

另外，由于座椅设置参考了体育场的看台，"泰坦尼克"又可以充当舞台，我们可以将它作为举办音乐活动的舞台。

不知道大家有没有听说过一个叫 Cercle 的视频播放平台。他们的团队在世界各地的绝美风景或世界遗产面前演奏，并面向全球发布视频，获得了很高的人气。

这个 Cercle 团队第一次来到日本拍摄，选择的地方就是"白马山港"。他们在这个"泰坦尼克"的位置进行了演奏。

负责演奏的是一名美籍华裔，他名叫"ZHU[①]"，曾获得格莱美奖提名，是一名打碟者（DJ）兼制作人。那次演奏，有气势恢宏的山川作为背景，加上山港及"泰坦尼克"那独特的舞台设置，给世界各地的很多人带去了震撼的感觉。

那天啤酒和兑苏打水的烧酒卖得飞快。我忙于给游客倒酒，没能完全领略音乐的美妙，后来看到视频在油管（YouTube）上的口碑那么好，吓了一跳。

目前，那个视频在油管上的播放次数超过了 1000 万次。观众们在评论中赞不绝口，如："I couldn't think of a more beautiful location！Awesome music and awesome location. This is next level.（我觉得没有比这里更美的外景了！绝妙的音乐配上令人惊叹的外景，这就是最棒的。）"

我们在设计时坚持优先考虑眺望到的美景。这一点在国际上也获得了好评，对此我感到非常高兴。

---

① ZHU，美籍华裔音乐制作人，多次获得格莱美等大奖提名及奖项，同时也是各大音乐节的常客。ZHU 的名字是 Steven Zhu，祖籍浙江杭州，中文对应的应该是"朱"。——编者注

⇒ 美食与美景的双重主演

另一点用心之处在于"将美味的食物和咖啡、时尚的空间与绝美的风景组合在一起"。

关于这一点，在我结识运营城市烘焙馆的 FONZ 公司并邀请其来开店之后，发生了戏剧性的变化。

城市烘焙馆是一家烘焙咖啡馆，在广尾、赤坂、银座等东京市中心的奢侈品牌区开设了很多家人气分店。

毫无疑问，请城市烘焙馆来这里开店，是我们的设施刚开始营业就能快速引来顾客的最大原因。"听说可以在那个大名鼎鼎的城市烘焙馆享受时尚的装潢，欣赏绝美的风景，同时享用它那美味的面包和咖啡。"这样的评价很快就传开了。

从结果来看，多亏了城市烘焙馆来开店，我们的宣传要点变得非常简明易懂。一听说"在大城市也很火的面包和咖啡＋时尚的空间＋绝美的风景"，即使没来过白马村的人，也能隐隐约约地明白这里的乐趣。

多亏了这份简明易懂，实际到此游玩过的顾客大多都会在社交网站上帮我们宣传。这样一来，就大大地提升了我们的知名度。

事实上，自开业以来，照片墙（Instagram）上带着"＃白马山港"或"#hakubamountainharbor"标签的投稿数量已经超过了 1.5 万个。我看了一下游客发布的照片和评论，发现大都提及了美食和饮品。

我们没有简单地模仿别人建造观景设施，而是坚持展示自己的独特性，才获得了这样的成果。

关于"将美味的食物和咖啡、时尚的空间与绝美的风景组合在一起"这个创意，我将会在第五章中详细介绍，包括它诞生的来龙去脉。

⇨ 日本第一家山地卡丁车的登场

为了坚持"日本第一家""独此一家"，我们还从 2021 年夏天开始引进了山地卡丁车。所谓山地卡丁车，是指驾驶没有引擎的卡丁车从斜坡上冲下去的活动（图 2-3）。

图 2-3　沿着斜坡向下冲的山地卡丁车

自 2018 年以来，淡季的游客数量急剧增多。因此，为了提高游客的满意度，我们开始考虑提供丰富多样的活动。

滑雪场的淡季活动，一般有滑索、滑道（旱地雪橇）、露营等。

但是，我们始终坚定信念，坚持追求"白马独有""日本唯一""日本最早""日本第一"。在引进活动设施时，基本上也是优先考虑其他地方没有的。

按照这个方针，我们团队团结一心，每天通过谷歌的图片搜索和油管视频等搜索"日本还没有的有趣的东西"。

在这样的情况下，我偶然发现了一种起源于德国的活动——山地卡丁车。这种运动已经在欧洲的几家滑雪场普及开来。

我们在团队内部简单地讨论了业务的可行性和媒体的接受度等，决定引入这个活动后，就直接给德国的公司发邮件预约了。虽然在沟通上多少有些困难，但不到半年山地卡丁车就成功地开始了营业。

接下来我们就开始大量使用"日本第一家"这个宣传口号。这样一来，电视台的采访就多了起来。采访内容登上了新闻和综艺节目，在全国范围内被播放，并且在社交网络和视频网站上也被广泛传播——这是一个顺利的开端。

开业后不久，节假日这项活动就持续满员，一直无法满足所有游客的需求。因此，为了让更多的游客享受到这项运动带来的乐趣，到了 11 月，我们提供的山地卡丁车由 6 辆迅速增加到了近 20 辆，又开发了新路线。

⇶ 与模仿说再见

令人遗憾的是，在日本的旅游景区和乡村，有一种风气，那就是"把别人做得好的事情原样复制就行了"。在我的印象中，特别是与政府有关的旅游设施更容易这样，或许是因为负责人不愿意承担风险吧。

"这个设施，在隔壁城市也有吧？""这个设施，不一定要在这个城市建造吧？"我感觉这一类设施很多，即使自己作为游客来参观往往也不会有兴奋和期待的感觉。

我不禁感到，正是因为到处都在建造千篇一律的设施，才使得日本整体的观光魅力下降了。

我们的"Yoo-Hoo! SWING"以壮观的背景和让人联想到《阿尔卑斯山的少女》的秋千"的简洁设计获得了好评，被全国性媒体多次报道。这是因为当时其他地方都没有这样的设施，因而它得到了认可，在公关方面的吸引力也增强了。

但后来，令人惊讶的是，日本各地都建起了类似的秋千。

临近县的大型观光设施也在 2021 年建造了类似的秋千。

我也在网页上看到了，秋千上半部分的设计，游玩的价格、时间设定、体重限制，甚至写给游客的注意事项，都和"Yoo-Hoo! SWING"几乎一模一样。我心想"这是复制粘贴了吗？"

感到非常遗憾。

而且，还有让我觉得更过分的咨询。

从外线打进来一通电话，对方说："听说你们制作的秋千很受欢迎。我们也想做同样的东西，请告诉我们花了多少钱、应该委托哪里来做。"（果然是某个地方政府的人打来的。）

我说"您是不是应该再认真思考一下"，然后就委婉地拒绝了提供除供应商以外的信息。

我认为这里面存在一个根深蒂固的问题，那就是"模仿"文化。

我们都应从"模仿"文化中摆脱出来，寻找只有当地才有的、真正有潜力的隐性资产，并思考如何加以利用。如果没有发自内心的思考，没有团结一心的精神，就不可能建设出真正有魅力的旅游设施和景区。

从下一章开始，我将为大家介绍我们是如何在摆脱模仿的同时，发现并活用独特的隐性资产的。

 第二章小结

- ☑ 坚持追求"独此一家""日本唯一""日本最早""日本第一"。

- ☑ 以自己的视角分析其他案例,思考"别人为什么会成功",学习别人的长处。

- ☑ 不过,自己想要将其作为卖点时,需要重新配置相关要素,增添新的附加价值。

- ☑ 目标是"让第三方清楚地认识到它的独特之处"。

- ☑ 严禁单纯的"模仿"。

3

第三章

先玩再说！当地人知道什么好玩

寻找隐性资产的"视角"

借助热爱当地的人的力量，让"白马岩岳山地自行车公园"重获新生。它成了岩岳作为"山地自行车运动的圣地"复兴的烽火。

让他带大家逛一逛岩岳。

健司是现场管理员，他了解岩岳的一切。

这里是总经理的啤酒企划惨遭失败的滑雪练习场。

这棵树是浩司××之后……

啊！

七嘴八舌

这里是阿悟××的地方。

啊！

别说啦！

啊……这里是总经理和阿悟喝醉后……

这个男人了解岩岳的一切

"难道没有什么好玩儿的东西吗？"

"白马村还有哪些有魅力的资源没有被充分利用呢？"

这两句话是我与"白马国际交流会"成员等当地人交谈时的口头禅之一。

还有，每当在社交网络或网站上发现有趣的文章、看起来很好吃的餐厅和菜品、好玩的游乐设施，我就会把链接发给"白马国际交流会"的成员，并问他们："如果我们要在白马岩岳这样做的话，应该在哪里做、怎么做才吸引人呢？"

有时，健司和阿悟也会提出想做这个、想做那个的想法。这种时候，我会问以下问题：

"这样做真的会被游客接受吗？"

"怎样才能让商品更容易传播呢？"

"这个创意，能变成白马村特有的东西吗？"

"为了达到投资的效果，是不是必须这么做呢？"

⇒ 当地人知道真正好玩的东西

之所以有这样的对话，原因是我在内心深处坚信："我 35 岁以后才开始深深地迷恋白马村，不知道白马村的全部优点。那些从出生以来就一直在白马村尽情地玩耍、工作的本地员工比我了解的多 100 倍。"

但是，如果不将素材进行加工的话，我们就无法将其魅力有效地传达给游客。这样一来，我们就无法开展有魅力的商业活动。

从中我们可以得出结论：要想不模仿他人、挖掘出隐性资产并有效利用，就需要一定的思想准备。

也就是说，我们必须**将熟悉白马村的本地员工所拥有的"内部视角"与像我这样的外来人员所拥有的"外部视角"完美融合，才能推进项目**。

作为外来人员，我自己的职责是"市场营销人员"和"项目经理"。外来人员的任务是刺激本地员工，激发他们的创意，然后从外部的视角对该创意进行完善，最后进行进度管理，引导项目完成。

之所以会有这样的想法，是因为我来到白马村之后积累了很多失败的经验。当时我觉得"必须自己拿出全部的创意"，所以自以为是地推进了工作。

虽然现在想起来我都觉得脸红，但是这些经历希望能成为读者的反面教材，故在此介绍一下。

⇒ 惨遭失败的"滑雪场烧烤"计划

由于我自以为是的想法，导致了很多活动进行得不顺利。我记得第一个就是在冬天的滑雪场正中央举行的烧烤活动。

那是我来到白马村的第二年冬天，第一次按照自己的创意举办的活动。那次活动打的旗号是"岩岳冬日烧烤啤酒节（Iwatake Winter BBQ&Beer Festival）"，是和当时合作的啤酒厂家，以及在东京都内经营烧烤业务的公司一起策划的。

现在回想起来，如果没有统筹岩岳现场活动的"现场管理员"健司的创意和协助，在岩岳山麓举办的这次活动是无法顺利进行的。但是，当时的情况是我和健司还没有过深入的交流。

回顾当初，我觉得他们看我的眼光恐怕是这样的："这个东京大学毕业的人真的会干活吗？""不是光靠理论就能让现场运转起来的。你要是能做你就试试？"

另外，我也有一种焦虑的心情，那就是"一定要取得成果，得到大家的信任"。结果，本应和当地员工好好商量一下的，我却没有那样做。

"在雪地上搞烧烤，这是一般人不会想到的创意，所以估计会有很多人觉得有趣"。我就抱着这种天真的想法，把有交情的商家也拉进来推进了计划。

活动当天，和大家想象的一样，结果很糟糕。

关于吸引游客参加活动的方法，我也没有和现场的员工深入探讨，自以为发布了新闻稿、制作了用来提前预约的网页之后，只要在滑雪场的设施内准备一些宣传单就足够了。

活动开始以后，我才发现只有几组提前预约的游客。由于当天天气不佳，再加上滑雪场内的宣传力度不够，几乎没有现场报名参加的游客。

当时，健司虽然嘴上抱怨着"在这么冷的地方根本没办法卖生啤"，却还是帮我布置了活动现场。但是，气温已经降到了零下 10 摄氏度，再加上狂风怒号、大雪纷飞，人们很难有心情吃烧烤、喝生啤。

这次活动的最大卖点就是生啤，最终的结局却是啤酒机被冻住了，只能出来一些泡沫，没办法向游客供应。既不能提供主打商品，游客又少，时间就这样在冷清的氛围中悄然流逝了。

唯一的收获是，正因为有大把的时间，我才得以和活动现场的总指挥健司交谈。对于将他拉过来组织这场冷清的活动一事，我内心深感抱歉，于是向他请教："以前冬天都举办过什么样受游客喜爱的活动呢？""要是事先问一下白马村适合举办什么样的活动就好了。""我应该提前问清楚，能在现场实际操作，并让顾客开心的活动是什么。"

我心中充满了懊悔。

通过这些事，我逐渐意识到最重要的是"从熟悉现场情况的人那里获得创意"。

➡ "将白马牵到白马村来"

还有一次失败的经历，就是同样在冬季举办的"将白马牵到白马村来"的活动（图 3-1）。通过这件事，我学到了"如果不发掘出更多扎根于白马村的创意是不行的"。

图 3-1　"将白马牵到白马村来"活动

那是当时委托的公关公司提出的方案。

企划的具体内容是：在滑雪季的两周时间里，凡是携带与白马村有关的物品的游客均可获得各种礼品；骑着真正的白马来到滑雪场的游客当中，最先到达的那位可获得 3 年内不限次数的滑雪季门票。

特别是以年轻一代为中心，人们对于白马村这个地域品牌的认知度正逐年下降。因此，我们想要制造在媒体上"爆火"的话题。这个看起来很搞笑的活动，目的只是让大家对白马村这个地名加深认识。

现在回想起来，当时我只是单纯地觉得"很好玩"，乘着兴头推进了公关公司的提案，根本算不上是充分收集来自现场的创意之后推进的项目。

活动本身作为"傻得可爱的话题"被多家媒体报道。而且，真的有人从佐久市骑着白马来了，日本国际广播电台（NHK）也制作了10分钟左右的特别节目。我感觉似乎达到了当初预想的效果。

但是，遗憾的是，这仍然是"勉强制造出来的一次性话题"。通过这次活动，到底有多少原本不知道白马村的人知道了它的名字呢？真的有人是因为这次活动才来到白马村的吗？我开始对此感到怀疑。

没有后续素材，这个活动只举办了那一次，这也是效果不佳的主要原因。

"超级营业员"阿悟当时就一直跟我坦率地交流。他一脸落寞地评价道："这个创意很有趣，但是持续不下去呀。"

这件事让我重新认识到："不能光是表面上看着有趣，而是要深入挖掘白马村独有的优点，在此基础上构建的创意才能长久。为此，我们**不能盲目地接受外人的方案，必须打造一个能够在团队内部交换意见的环境。**"

➡ 外部视角当然也很重要

当然，这并不是说只听取当地成员的意见就万事大吉。如果这样行得通，那么各个地区的旅游业就不可能如此艰难。

在让当地成员充分理解"外部视角"也有意义的基础上，我们有必要将当地的意见和"外部视角"很好地结合起来。

有些项目仅靠内部人士的观点难以推进，但有外部视角的人士加入后，进展就顺利了。

"白马谷"10家滑雪场导入的公共自动检票系统项目就是一个例子。这是我来到白马村的第二年，也就是2015年到2016年所做的项目。所谓"白马谷"，是横跨白马村、大町市和小谷村三个地区的10家滑雪场的总称。

很多来自海外的滑雪爱好者，并不是因为熟知"白马岩岳"或"白马八方尾根"等个别滑雪场的名字而决定目的地的，大多数人都是听说"白马这个地区比较好"才来的。

因此，重要的是要提高整个地区的品牌知名度。另外，要从全局出发，提高所有来访游客的满意度。为此，我们引入了"白马谷"这个概念。

除了确定品牌标志、统一进行宣传外，10家滑雪场还联合建设了接送公交车、公共自动检票系统等基础设施。

其中，对于海外游客来说，能够轻松往返于10家滑雪场之间的电梯通用券尤为重要。他们每次来访，平均会在白马地区停留 7 ~ 10 天。如果不能游览多个滑雪场，他们就会感到厌倦。

被称为"白马谷入场券"的电梯通用券（图 3-2）从 2013 年开始销售。

图 3-2　可以在 10 家滑雪场使用的电梯通用券

但是，当时各家滑雪场的自动检票系统都是独立的。因此，虽说是通用券，但实际上类似次数券，游客需要每天早上在各家滑雪场的自动检票口兑换成可以使用的入场券。

对于游客来说，每次都需要在票务中心排队，绝对算不上方便。实际上，在针对外国游客进行问卷调查时也有不少人抱怨。

各家滑雪场的管理层（大部分都是当地人）都认为必须解决这个问题。但是，实际上要想实现系统的通用化，不仅需要投入大量的资金，还会导致各滑雪场无法完全按照自己公司的想法导入系统。

结果，大家都踌躇不前，这个问题被搁置了好几年。

⇐ 活用顾问和官员的经验

作为外来人员，我的大脑中产生了一种危机意识：这样下去的话，不仅无法提高入境滑雪的游客的满意度，他们还很有可能转向其他地区游玩。

从**外部视角**冷静地看，如果不能提高游客的满意度，就无法扩大将来的收益。另外，我认为通过集思广益，很有可能会降低初期投资。

我向各家公司说明了这些情况，总算征得了他们的同意，开始推进项目的讨论。

我曾作为顾问参与过降低采购成本的项目。我充分调用了当时积累的所有知识，努力降低导入系统的成本。

当时我了解到，在日本从事滑雪场自动检票系统业务的公司实际上只有一家，形成了垄断局面。这样我们就无法降低采购成本，所以首先需要引进竞争对手。

因此，我与在日本几乎没有业绩的海外厂商进行沟通，建立了可以多家报价的机制。这是能够降低成本的绝对法则之一。

为了降低成本，还有一个绝对法则，那就是充分利用批量折扣。我汇总了此次白马谷的订单，并明确地告诉两家厂商，今后日本不会再有比这更大的交易。

然后，我让他们把详细项目的报价都拿出来，开始分门别类地比较价格。对于类似的产品，我们就按照金额较低的价格多次修改报价。

经过这样的努力，我们节省了不少投资金额。

尽管如此，还是有多家公司对投资犹豫不决。因此，接下来我又将目标锁定在地方政府。

虽然多少有些困难，但是在我解释了这次投资对地区有多大好处之后，一部分地方政府就同意了支付补助金，条件是"这次要和白马谷进行一体化投资"。

此外，他们还答应帮忙申请国家拨款，作为投资金额的一部分补助。幸运的是，在这方面，我作为官员从事政府内部工作的经验派上了用场。

🔄 日本最大的滑雪场诞生了

总之，自动检票系统的革新是早晚都要做的。在这个前提下，从金额上看，这次白马谷作为一个整体对通用系统进行投资是非常有利的。

最后，在 10 家滑雪场当中，凡是海外滑雪爱好者经常光顾的滑雪场，都导入了通用系统。

但是，从外部视角冷静地看，仅仅通过导入通用系统提高便利性，效果是有限的。有没有什么素材能很好地传达"白马谷"的特征呢？

考虑到这一点，我发现"大规模的滑雪场"特别容易吸引长期逗留的入境游客。

事实上，通过导入通用自动检票系统，白马谷已经成为可以使用一张入场券在同一区域内滑行的"大型滑雪场"（图 3-3），在可滑行面积和滑道吊椅数量等方面都形成了"日本第一"的规模。

图 3-3　新的自动检票系统将白马地区打造成了"日本最大的滑雪场"

与此同时，作为营销的关键信息之一，我们决定把宣传口号定为"日本最大的滑雪场"。在新闻公告中宣布"日本最大的滑雪场诞生了",在面向海外的宣传资料上也一定会写上"Japan's Largest Snow Resort(日本最大的滑雪场)"。

效果相当好。

当然,这是各家公司为了提高白马谷的便利性而不断努力和想方设法营销的结果。再加上通用自动检票系统的导入,在新冠疫情之前,白马谷极为顺利地吸引了大量入境游客。在冬季游客中,有近三成是来自海外的滑雪爱好者,大约 38 万人。

白马谷就这样确立了"日本海外游客第二多的滑雪胜地"的地位,仅次于北海道的新雪谷。

我并没有全程参与通用自动检票系统的导入工作。但是,对于仅靠"内部视角"难以推进的课题,通过活用外部的经验来应对,从而让项目取得进展,我认为这是一个成功的案例。

⬌ 恢复山地自行车圣地

在复兴白马岩岳的过程中,我们将"内部视角"和"外部视角"很好地融合在一起,实现了隐性资产的有效利用——"白马岩岳山地自行车公园"的复兴就是一个例子。

在 20 世纪 90 年代,白马岩岳作为"山地自行车圣地"开展了有名的高山速降项目。冬天运送滑雪游客的缆车,夏天也会运转起来,把游客和自行车运到山顶,让游客沿着滑雪场斜坡的滑雪道飞驰而下。

据说当时白马岩岳还举办过被称为"春之岩岳""秋之岩岳"的大型活动，在滑雪场的淡季，迎来了数万名游客。

但是进入 21 世纪后，情况发生了巨大变化。随着滑雪热潮的结束，山地自行车的人气也急剧下降。由于游客人数的减少和维护骑行路线成本的增加，山地自行车公园的收益情况日益恶化，停业了 10 多年，骑行路线完全荒废了。

在这样的情况下，曾在白马村担任山地自行车向导的阿堀加入了岩岳的团队（图 3-4）。他是一个满腔热情的男人，无论如何都想让作为"山地自行车圣地"的岩岳复兴，想让白马村的山地自行车文化复兴。

图 3-4　复兴"山地自行车圣地"的阿堀

一开始，公司几乎没有提供任何支援。

但是，阿堀聚集了当地的伙伴，开始通过手工作业开辟骑行路线，并且在 2015 年秋天恢复了一条高山速降路线。

路线本身是行家喜欢的高级路线。熟悉山地自行车技术的当地人可以很开心地进行速降，但像我这样初次尝试的人却要经历一番苦战。再加上在销售、市场方面没有做太多的努力，这条路线一直处于"虽然修好了，但是只有一部分爱好者来玩"的状态。

另外，在 2015 年、2016 年的滑雪旺季，由于降雪量极少，客流量大幅下降。整个公司开始产生了一种危机感："如果在滑雪淡季不做点什么，白马岩岳就没有未来。"

于是，我们将目光投向了山地自行车公园。2015 年游客人数是 550 人，2016 年是 1200 人，在揽客方面我们很辛苦。但从外部视角来看，我觉得还是有机会的。

首先，竞争对手的数量极少。虽然也有竞争对手每年能吸引 2 万人，但所有的公园都以面向高级玩家的路线为主，很少有人在努力吸引"第一次来玩的游客"。

其次，我们可以有效利用缆车和滑雪场的斜坡这两个原本就有的资产（隐性资产），似乎不需要投入太多资金，就能向游客提供有魅力的玩法。这也十分符合当时苦苦支撑的财务状况。

虽然经历了很多波折，但公司终于肯进行投资了。我们决定打造一条可以充满自信地向外部的人，而且是第一次挑战山地自行车的人推荐的路线。

⇒ 用外部视角将当地的想法转化为商机

关于路线，在阿堀的介绍下，我们请到了打造路线的专家埃文·温斯顿（Evan Winston）先生。他曾参与建设山地自行车世界杯的路线。他考虑到日本市场的状况和岩岳山地的特性，提出了"首先应该最优先建设初学者能开心骑行的路线"的意见。这也是外部视角。

进入 2017 年，从积雪消融的初春开始，在温斯顿先生的监督下，我们开始建造新的路线。阿堀等当地成员也大汗淋漓地帮着干活。

到了 2017 年秋天，面向新手和初级玩家的速降路线终于完工了——从缆车的山顶到山脚，全长将近 7 千米。

修好了路线，工作并没有结束。我们同时还需要制定销售、市场战略。这是我活用顾问经验，发挥外部视角作用的地方。

我制作了能让从未接触过山地自行车的人"想尝试一下"的广告素材，同时选定了投放地点。当然，为了有效地将消息传递给已有的山地自行车用户，我们也逐步寻找了销售渠道。

关于具体的销售渠道，主要是以阿堀为首的熟悉山地自行车的成员负责收集信息。当初开办山地自行车公园时，健司和阿悟等人就已经在白马岩岳工作，我从他们那里也打听了一些信息。

⇌ 即使是普通的商务技能，在小地方也能提升价值

我们还遇到了一个课题。那就是白马村的团队在过去的将近20年时间里，一直没有接触新的投资。因此，熟悉日程管理和成本管理等所谓的"项目管理"知识的人并不多。

关于这一点，我可以充分利用自己在咨询公司担任项目经理时的经验。我一边梳理路线修整、市场营销准备等多个工作流程，一边推进项目，最终得以按照计划时间和预算顺利地完成。

我认真完成施工进度表，并以此为基础定期召开会议，汇报工作进展。如果出现延误或可能超过预算的情况，我们就要考虑对策。

从某种意义上来说，这是理所当然的项目推进方法，但这些**在大城市大企业中的"工作常识"，到了小地方却意外地有很高的价值**。

在这样的团队合作下，自2017年秋季山地自行车公园开业以来，我们顺利地吸引来了游客。

2016年山地自行车公园只有1200名游客到访，而公园开

业后的 2018 年和 2019 年分别迎来了 1 万人和 1.2 万人。正如我所期望的那样，"第一次挑战山地自行车"的游客也很多。

2021 年秋天，我们进一步扩建了路线，并增加了一台可以在滑雪淡季运行的上山吊椅。此外，为了让奔着白马山港等其他项目而来的游客能够轻松体验，我们还在山顶开展了租赁摩托车的业务。

通过将内部人士的热情与外部的商业眼光完美地结合在一起，我们正朝着"复兴山地自行车圣地"的目标稳步前进。

➡ 为了培养外部视角，我们会亲自游玩

通过以上事例，大家就会发现，如果将"内部视角"和"外部视角"完美结合，有时会产生令人难以置信的成果。

所谓"内部视角"和"外部视角"，具体来说，小地方的话是指"本地"和"大城市"；公司的话是指"公司内"和"公司外"。保持两种视角的平衡，你就能找出隐性资产并加以活用。

不过，不一定所有团队都有"外部人士"加入。仅仅依靠"内部人士"就不能做好对策吗？当然不是。

自古以来，有很多只靠内部人士就能成功的事例。在这种情况下，内部人士几乎都拥有能够客观评价自己的"外部视角"。

那么，怎样才能让"内部人士"获得"外部视角"呢？

我认为特别是关于旅游业和休闲产业，"自己经常玩""对各

种各样的事情感兴趣，尝试着去做"是很重要的。这样一来你就可以获得外部的刺激，保持正确的视线高度，不把自己封闭起来。

这样才能使感觉变得敏锐，从本质上看透素材拥有的优点，并将其优点准确地传达给外部的游客。

我这样说也有警醒自己的意思。我们动辄埋头忙于工作，片刻都不肯休息，在现场疲于奔波，即使休息时也在家里没完没了地处理工作……往往每天都是这样。

但是，这样是想不出好点子的。

多去外边看看，与自己的设施进行比较，如果发现优点，就对其要素进行拆解分析。这样经过长时间的积累，我们就能做出真正好的东西。

幸运的是，在来到白马村之前，我已经游览了日本各地的多个滑雪场（长野县和北海道的主要滑雪场几乎都去过）。我的目标是踏遍日本百座名山，迄今为止已经攀登了 70 多座名山。另外，在美国留学时，我曾在约塞米蒂国家公园、黄石国家公园、科罗拉多大峡谷等著名的景区搭帐篷露营，游览了近一个月。

再加上家人都留在东京，偶尔来东京的时候，我也会把东京的热门景点逛一遍（名义是"带孩子出去玩"）。

我和另一个同龄朋友去了茶巴蒂，那是女儿给我推荐的位于表参道的一家司康店。我们排队等了 30 分钟，品尝了茶拿铁、司康和软冰激凌，周围全都是女大学生。

这些经验现在派上了用场。它们帮助我维持视线的高度，在思考能活用于白马村的创意时为我提供了线索。

这种外部视角，不像科学那样可以用明确的标准判断是否正确。

既然如此，**我们最后只能相信自己喜欢的东西是好的。**正因为如此，我们才有必要尽可能多地观察事物，深入理解其背后的含义。除此之外，我们无法培养外部视角。

 **第三章小结**

☑ 用"内部视角"寻找隐性资产。

☑ 为此，要建立让"内部人士"积极提出创意的机制。

☑ 用"外部视角"客观地评价候选的隐性资产。

☑ 在市场营销和项目管理中积极引入"外部视角"。

☑ 内部人士要想拥有"外部视角"，重要的是积极游玩。

4

第四章

不要限制自己的视野！在面上思考事物，而不是在点上

找到隐性资产的"场所"

"旅笼丸八"是将超过 150 年历史的古民居改造后复活的。无论入住率还是住宿顾客人均单价都提高到了改造前的 2 倍左右。

"好像被施了什么魔法。嫁到这里快 60 年了，没想到一直以来居住的建筑竟然能以这种形式被保留下来。没有比这更令人高兴的事了。幸好当时委托了阿悟负责。"

街区振兴项目的参与者、原本决定关门停业的旅馆"潮岛"的老板娘对我们说了上面这段话。

"超级营业员"阿悟也显得非常高兴。他从小在这附近长大，老家离"潮岛"只有 200 米。

⇒ 白马岩岳总体规划

我们经营着滑雪场。但是，我们并没有把寻找隐性资产的范围局限在滑雪场内部，而是把目光投向了白马岩岳这一整体区域。

那是因为，如果不能激活整个区域这个"面"，滑雪场这个"点"也不会变好。你也不要只对某一处进行深度挖掘，而应该同时对广泛分布在区域各处的隐性资产进行多点挖掘，这样才能顺利地传达整个区域的魅力。

带着这样的想法，我在 2017 年开始致力于街区振兴。

这样做的契机还是源自危机感：由于降雪量减少，游客人数大幅下降——再这样下去，滑雪场和街区都会垮掉。我决定让整个地区的民众都知晓这种危机，商讨振兴街区的对策。

参与讨论的有当地的观光协会、行政区（类似自治会），还有我们滑雪场的人。作为今后整个区域的生存策略，我们开始讨论"白马岩岳总体规划"。

因为是将来的事，所以我们首先以年轻的成员为主制作草案，在向当地重要人物进行说明的同时，达成区域共识。

本地成员共 4 人，其中 3 人是肩负下一代的三四十岁的年轻人，另外一人是阿悟（阿悟生于岩岳，所以定位为本地成员中的一员）。健司和我被选定为滑雪场经营方的代表。

我们 6 个人每个月都会聚集 1 ~ 2 次，反复讨论并征询相关人员的意见，大约用了 4 个月的时间完成了总体规划的草案。

草案中包含了各种各样的课题，其中最重要的课题之一就是振兴"白马岩岳街区"（图 4-1）。

图 4-1　白马岩岳的街区

如何在提高主要城镇街区魅力的同时，振兴散布在街区中的住宿业呢？这个问题说起来简单，做起来其实很难。

➡ 白马岩岳的街区魅力和课题

新田地区和切久保地区是白马岩岳的主要城镇，作为古代在"盐道"沿线设置驿站的城镇，逐渐繁荣兴盛起来。随着对新田地区的开发，这一带逐渐发展起来，并拥有乡村的景观资源。

这一带有民宿、旅馆、酒店等很多住宿设施，可供来白马岩岳滑雪的游客住宿。其数量在 20 世纪 90 年代达到顶峰，甚至超过了 150 家。

但是，由于滑雪人数的减少，再加上经营者的老龄化、设施的老化、继承人和劳动力不足等原因，一些设施开始陆陆续续关门停业。到了 2016 年，其数量减少到了 90 家左右。

设施数量的减少和城镇活力的下降，对于整个地区来说都是一个巨大的课题。

如果停止营业、不亮灯的旅馆增多的话，整个街区就会变暗。这样一来，就会给住在还在营业的旅馆的客人留下"冷清的街区"的印象。

如果有一处设施长期停止营业，没有人居住了，外观一下子变成荒废的旧房子，那可就麻烦了——街区将不再有魅力，附近的住宿设施也会受到负面影响。

另外，住宿业面临的困境也是滑雪场的困境。大约七八成的游客来滑雪时会选择住在附近。因此，对于白马岩岳的滑雪场来说，主城区的住宿设施数量的减少会直接导致游客的减少。

从整体上看，在新冠疫情之前的白马地区，特别缺乏面向高端游客的高级住宿设施。我认为只要能达到游客追求的水准，就有充分的希望引来游客。

这些正是整个区域（面上）的课题。仅仅做好单个设施等点上的工作，问题是不可能得到解决的。

只有在整个区域中寻找隐性资产，并打磨这些资产才能前进。

➡ 构建振兴街区的方案

我们认为，曾经设置驿站的乡村景观和逐渐被弃用的古民居都有可能成为隐性资产。因此，我们思考了一个方案，那就是租赁已经停业或正在考虑停业的多个住宿设施和商业设施，进行改造后再出租给第三方。

我们对分布在白马岩岳地区的那些充满日本风情的古民居等多处设施进行改造利用；此外，还将接待、就餐、住宿等功能分配给不同的建筑，让游客住在整个街区中。

我们的目标是通过将过去分散经营的多个设施统一运营，实现规模经济效益；同时，通过"增强整个街区的经营实力"来加速改造。

要想完成这项事业，需要三方参与者，分别是资金的提供方、改造后设施的运营方、建筑物的出租方。

在资金方面，我们很快就找到了突破口。

官民基金"地区振兴支援机构（REVIC）"的主要业务是为有关地方振兴的项目提供资金，县内地方银行出资的"ALL 信州观光振兴基金"以及日本电气股份有限公司（NEC）出资的地方振兴基金都为我们提供了支持。

运营方面的业务，坦白说超出了我们的能力。

我们几乎没有承接住宿业务的经验。因此，改造和装修、销售客房、接待客人等技能和技巧，都必须依靠外部的合作伙伴。从对设施进行改造之前的环节开始，就必须有人介入，一边合作一边推进事业。

恰巧在一年前左右，通过朋友介绍，我认识了开心（Funny）股份公司的老板。他在神奈川县叶山地区经营一家名为"叶山开心别墅（HAYAMA Funny house）"的度假屋。

"叶山开心别墅"是 1965 年建造的宅邸，开心股份公司于 2015 年将其改造为面向成年人的度假胜地。这座白色的宅邸有着与大海相称的美丽设计，作为叶山地区的人气设施而闻名。

正好我也想让白马村拥有这样出色的改造设施，所以找机会向他介绍了项目的主要内容。结果他立刻爽快地回答说："白马村似乎很好玩儿，你这个人也很有意思，我们一起干吧。"

事情进展到这里，剩下的就只是寻找出租方，也就是说当地建筑物的主人。我原以为，考虑停业的人很多，稍微解释一下应该马上就能找到。

然而，我们的这种乐观想法却被彻底粉碎了。真正的"产痛"（创业的艰辛）此时才刚刚开始。

⇌ 当地人的反应和阿悟

这里所说的"产痛"是指什么呢？简单来说，就是"赞成总论、反对各论①""不相信外人说的话"的状况：

"我不希望再继续停业，让街区变得没有生气。我觉得有必要对快要停业的旅馆进行改造来维持运营。"

"但是，自己的房子会不会被破坏，我有些不安。"

"附近的建筑物变漂亮是件好事，但如果和自己的旅馆形成竞争关系的话就麻烦了。"

"你给我看了一张很难懂的纸，还语速很快地说'需要这样的方案'，我无法理解，也觉得有些可疑。"

"有那么好的事儿吗？真的吗？"

我在公民馆开了几次说明会，但没有丝毫作用。很多当地人

---

① 对于计划的主旨本身没有反对意见，但到了与利害密切相关的具体问题上就提出异议。

都一脸"疑神疑鬼"的表情，这也加剧了我的不安。

此时还是在本地长大的阿悟发挥了很大作用。

阿悟去打算停业的旅馆和已经不使用的建筑物那里找主人谈了好几次，详细地说明了项目的目标。功夫不负苦心人，慢慢地出现了愿意听我解释的房东。

⇉ 本地人独有的力量

"潮岛"的老板娘说："阿悟呀，其实我打算明年 3 月就不开旅馆了。"

说这话的时候是 2017 年年末，当时我们已经开始谈论项目的细节。

老板娘已经年过七十了。她多年来独自一人打理民宿。但是由于建筑物不断老化，又没有接班人，体力上也难以支撑，所以她考虑关门停业。

听说老板娘找阿悟商量说："在我嫁过来之前，公公、婆婆和他们的上一辈就一直在使用这座建筑，其实我很想把它保留下来。但是，我已经没有体力再开旅馆了，客人也减少了，建筑也在损坏。如果不开旅馆了，这么大的建筑就没办法维护下去了，我想只能拆了。你觉得怎么样？"

阿悟说："我从小到大都在新田生活，知道这是镇上留下的很棒的建筑，所以我想无论如何都要保留下来。我去找总经理商量一下，看看有没有什么好办法，能把对这个小镇和'潮岛'的回忆都保留下来。"于是他就带着问题回来了。

后来，我也和阿悟一起去看了那栋房子。建筑本身是有150多年历史的古民居，是一栋只有8个房间的小巧的民宿。这栋建筑很漂亮，让人看一眼就能确信"只要好好改造，就会转变成为极具魅力的设施"。

我立刻把自己的方案告诉了老板娘，但她果然还是很难马上理解："真的有那么好的事儿吗？""基金这个词本身就令人感到不安，我的房子不会被抢走吧？"看来想要让她接受并不是一件简单的事。

之后，阿悟一次又一次地前往"潮岛"，和老板娘闲聊，消除她的不安，并耐心地向她解释了方案的优点。

最后老板娘这样说道："阿悟是土生土长的本地人，既然他都说到这个份儿上了，我就选择相信吧。"

我想，**除了阿悟讲得逻辑清晰之外，一定还有什么东西最终打动了老板娘。**

恰巧"潮岛"隔壁的"仲屋"也在同一时期考虑停业。阿悟的努力在这里也奏效了，我们决定先对这两家旅馆进行大改造。

另外，我们还确定了一个方案，将村里一家近180年历史的古民居作为俱乐部会所兼餐厅使用。就这样，我们的事业终于可以正式起步了。

⇒ "旅笼丸八"建成

2018 年 12 月，"旅笼丸八"诞生了（图 4-2）。它的设计很温馨，能让人充分感受到拥有 150 年历史的老建筑的"韵味"，同时又有一种摩登的氛围，大大超出了我们当初的想象。

图 4-2　"旅笼丸八"的内部装修

"旅笼丸八"从第一年开始就成功吸引了大量入境游客。入住率接近各自经营民宿时的两倍，住宿客人的人均单价也成功提高了一倍以上。

另外，拥有会所兼餐厅功能的"庄屋丸八餐厅"也于 2018 年 12 月竣工。这家餐厅脱胎于拥有近 180 年历史的古民居，其特有的氛围和美味的饭菜备受欢迎——在冬季因入境游客而热闹非凡的时候，将近 100 个座位的店内总是座无虚席。

"潮岛"的老板娘看到改造后的建筑，也非常高兴地说："好像施了魔法一样。""充满回忆的房子保留下来了。我想公公和婆婆会很高兴的。"我们也松了一口气。

后来，我们逐步增加了设施的数量。如今共有 6 栋建筑正在运营，其中"旅笼丸八"拥有一号馆到三号馆的 3 栋建筑，还有作为俱乐部会所的"庄屋丸八餐厅"、其他品牌创立的"白马开心时光（Funny hours HAKUBA）"，以及为了打造白马村的特产而引进的火腿、香肠作坊兼直销点"白马火腿屋"。

开心股份公司不仅负责设施的改造设计和运营，还负责设计让整个街区充满魅力的灯光，以及帮助之后入驻的租户（白马火腿屋等）进行品牌建设等。就这样，一体化的街区建设走上了正轨。

虽然现在受到了新冠疫情的影响①，但是来这里观光的游客的数量在慢慢增加，整个城镇的面貌也正在日趋兴旺。

⇒ 从"面"上考虑事物的重要性

正如前文所述，隐性资产并不一定只存在于自己现在所从事的业务领域。

---

① 本书写于 2022 年。——编者注

从产业结构来看，**今后振兴的瓶颈很有可能在自己的业务领域之外**。我们站在白马岩岳滑雪场的角度看到的城镇振兴问题就是这样的例子。

在这种情况下，如果只从自己的业务这个"点"来看待问题，事情是不会有进展的。我们有必要**思考如何活用周边产业、领域等"面"上的隐性资产**。

如果你能同时活用顾客眼中同一区域内的多个隐性资产，就能给顾客带来更大的吸引力。

而且，你越是想灵活运用分散在区域内的资产，就越能发现本地与其他区域不同的魅力。这样就**有助于你摆脱"模仿"的状态**。

当然，如果你想要活用自己业务领域中没有的东西，实现的难度就会提高。但是，如果由各具优势、人员构成多样的团队来推进项目，应该就能提高成功概率。

到这里为止，我为大家介绍了寻找当地特有的隐性资产的思维方法。

寻找隐性资产的要点如下：

①决心"不模仿他人"。

②适当融合"内部视角"和"外部视角"。

③将视野扩展到"面"，而不是局限于"点"。

这些是寻找隐性资产时不能忘记的要点。

那么，发现了隐性资产的素材之后，应该如何打磨呢？

接下来，我将给大家介绍**隐性资产素材的打磨方法**。

 **第四章小结**

- ☑ 寻找隐性资产时，不要只执着于自己公司的业务领域这个"点"。

- ☑ 关注相关领域的"面"，寻找隐性资产。

- ☑ 通过同时活用存在于同一"面"上的多个隐性资产，既能强烈地吸引顾客，又能避免"模仿"的弊端。

- ☑ 从"面"上寻找并打磨隐性资产，难度比从"点"上高。

- ☑ 重要的是能做到这一点的团队的力量。

第五章
不要在意自身水准！和最棒的伙伴合作

借助合作伙伴的力量打磨隐性资产

在"白马片刻之森"观景区，人们可以用五种感官感受大自然。

由于在表参道和京都岚山爆火的司康店"茶巴蒂"来这里开店，因此这里吸引了众多游客。

"哎呀，天气晴朗的话，从这个方向应该可以看到白马三山的悬崖啊。"

2017 年冬天，我邀请 FONZ 公司的总经理小山正来到了白马岩岳。FONZ 公司是一家餐饮企业，总部设在长野县轻井泽，在东京都内也开设了"川上庵""醋重正之""烘焙 & 餐厅泽村"等多家优秀的店铺。

我个人也很喜欢轻井泽和东京的店，以前就经常光顾。看到他们经营的店铺充满了度假的氛围，我就憧憬着将来有机会能和他们一起在白马村创业。

有了这样的缘由，在白马岩岳的山顶上建造能享受美味佳肴和绝佳风光的观景台"白马山港"的计划成形后，我第一个想邀请的就是 FONZ 公司。

➡ 不要畏首畏尾，不要害怕被拒绝

不过，我心中也有一些不安。

那时，每当我听说东京都内新建了时尚的商业设施，跑去一看，都有相当大的概率能看到 FONZ 公司开的店。似乎到处都在争着抢着请他们去开店。

在这种情况下，我们这种乡下的滑雪场突然抛出橄榄枝，对方大概率不会理睬。

于是，我想尽一切办法寻找能从中给我引荐的人。我想了很多办法，最终拜托了一位经常来白马村游玩的知名企业家。

我在东京第一次见到小山总经理时，他的反应并不乐观：

"是在山上吗？运作起来很麻烦吧？"

"会有那么多客人来吗？"

在我看来，他似乎一点都不感兴趣。

但是，如果因为这样就放弃的话，振兴衰落的滑雪场简直是痴人说梦。

"请您务必赏光，只要您到现场看一次，就会发现那里有多棒。"我多次恳求，都有些强人所难了，最终对方答应来白马岩岳一趟（或许，是原本隶属美式足球部的我，和白马岩岳的"现场管理员"健司，两人的死乞白赖奏效了吧）。

可是……

小山总经理来到白马村的那天，南北延伸的等压线相当密集，气压分布为西高东低，正是典型的冬季气压分布，白马村狂风怒号、大雪纷飞，都不知道吊箱缆车能不能运行。

当我把他带到"白马山港"的预定地点时，就连五米开外的景象都看不见。冰冷的雪拍打在脸上。由于风声太大，连对话都很困难，所以我们只能暂时到室内躲避一下。

本想展示一下岩岳的绝景，结果反而给对方留下了山上环境恶劣的印象。在临时躲避风雪的建筑物里，我只能一手拿着手机，另一只手指着照片苦苦辩解说："要是天放晴了，就能看到这样的景色。"

⇨ 满怀热情，绝不放弃，苦口劝说

之后，我们在山顶逗留了 1 个小时左右，但是暴风雪并没有停止。中间有一瞬间风停了，可以看见 100 米左右前方的间隙，我赶紧抓住机会说："果然山上的天气很容易变化呢。如果一直看不见的东西在某个瞬间突然能看见的话，那种感触也很深，游客会很高兴的哟。"我们就这样以一种掩饰尴尬场面的形式结束了当天的视察。

也许是当天留给对方的印象太差，谈判迟迟没有进展。

即便如此，我们也没有就此放弃，而是硬着头皮找话题和素材，不断给 FONZ 团队发邮件。另外，我去东京的时候总要找个理由跟对方约好时间见面，以免谈判的项目不了了之。

虽然还没有确定店铺能不能开成，但我们已经同步选定了设计团队（远藤建筑工作室），开始构想具体的店面形象。我在第二章中介绍过的展示山景的设计理念，其实就是在这个时候开始固定下来的。

每次去东京，我都会给小山总经理详细介绍我们的设计方案、希望给顾客带来怎样的体验、从其他案例中观察到的吸引顾客的潜力，以及对销售额的预测等。

而且，我让热爱白马村的健司也一起来到东京，满怀热情地不停劝说道：

"一起干吧！"

"您不想让游客一边欣赏这样的美景，一边品尝贵公司的美食吗？"

"如果能在这样的地方开一家很酷的店，贵公司的品牌价值也会上升啊。"

虽然经过多番交涉，小山总经理却始终不肯点头，就这样过了几个月。我们心里也开始产生了放弃的念头，觉得"啊，恐怕没戏了，也许只能找其他品牌了"。

为了打造"夏季赚钱的滑雪场"，建造"白马山港"是具有象征意义的第一步。然而事与愿违，由于降雪量很少，2016—2017年旺季的经营状况持续恶化，我们的心里开始越来越焦躁。

⇒ 大汗淋漓的会议

项目一直没有明显的进展。季节变换，山中的白马村也迎来了初夏，新长出来的叶子也变得更绿了。这里比外界的气温低得多，此时一到东京就会汗流不止。

有一天，健司和我从惠比寿站步行大约 15 分钟来到了FONZ 公司的办公室。因为我们两个人都比较胖，所以出了很多汗。

我们拿着自带的毛巾擦汗，听着小山总经理滔滔不绝的话语，汗水流得更多了：

"今天我有几个提案。如果白马村方面能按照我们的期望采取行动的话，说不定项目还能向前推进。相反，如果不符合我们的期望，这次合作的事情就当没有提起过吧。

"作为同样发祥于长野县的企业，我很想帮助白马村。但是，自己开店的话风险也很大，组织运营也很不容易。我感到非常苦恼。

"如果想在白马岩岳推进项目的话，请你们负责建造设施，并进行运营。如果是作为品牌给予支持的加盟商，我认为是有可能的。你们觉得怎么样？

"在品牌选择方面，我认为城市烘焙馆是最适合的，是唯一可能适合你们店面大小的品牌。纽约是城市烘焙馆的发源地，那里和白马村在寒冷的气候方面也有相似之处。城市烘焙馆的特征是调味非常符合寒冷的气候，我认为和白马村是绝配。

"假如是以加盟店的形式合作的话，拜托你们不要破坏品牌价值。因此，店里面从设计到运营都由我们来 100% 把控。这就是我的条件。"

是因为最初帮我引荐的企业家背后帮我们说话了，还是因为他被我们的执着打败了呢？虽然不清楚最后是什么打动了他，但他提出的条件对我们来说却是求之不得的。

我又惊又喜，还记得当时刚止住的汗一下子又冒了出来。

🔄 加盟店是个双赢的解决方案

实际上，在那次会议之前，我完全没有想到会有加盟这个方案。在此之前，FONZ 公司一直以直营店的形式开店，从未有以加盟的形式开展业务的先例。

但是，我在接受小山总经理的提案时仔细想了想，似乎没有比这更理想的关系了。

我们追求的理念与普通的观景台完全不同，是"在时尚的空间里一边品尝美食一边欣赏美景的观景台"。要想实现这个目标，城市烘焙馆多年来构筑的品牌影响力、打造精品餐厅的设计能力、美味面包的制作方法等，都是我们极度渴望的要素。

另外，在滑雪场山顶的恶劣气象条件下如何运营、如何根据淡季和旺季灵活调整人员编制、如何在白马村举办招聘活动，这些现场管理方面的经验，对于常年经营滑雪场的我们来说都是强项。

这样想来，加盟是非常合理的提案。也就是说，由白马村支付一定的加盟费，利用 FONZ 公司积累的品牌价值，承担初期投资和运营的风险。

"非常感谢！那就这么说定了！"

不用说，我和健司立刻就爽快地答应了。

当然，既然是以加盟的形式经营店铺，我们就不能损害城市烘焙馆的品牌价值。于是，我指定了两名非常优秀的年轻员工担任店长和副店长，让他们在东京和轻井泽研修了近两个月。这是为了让他们体会到品牌的精髓。

在店铺设计方面，小山总经理拥有出众的设计天分，基本上由他全权负责。我们的主要职责是在成本方面有困难的时候请求他重新考虑设计方案。

而在运营管理体系的构筑和菜单制定等方面，我们分别站在品牌的角度和当地的角度相互交换意见，朝着可行性更大的方向推进讨论。

就这样，双方为了追求自身价值的最大化，终于在 2018 年10 月实现了"白马山港"和"城市烘焙馆白马山港店"的开业（图 5-1）。

图 5-1　小山总经理（右）和作者（左）一起参加"白马山港"的开业典礼

开业首日我们邀请了多家媒体前来采访，并举办了开业仪式。当我和小山总经理肩并肩讲解"泰坦尼克"平台时，我的手因喜悦而微微颤抖。

似乎只有当天主持仪式的阿悟注意到了这一点。

⇒ 刚开业就迎来了暴风雨

城市烘焙馆白马店一开业就大受欢迎。

刚开业的 2018 年 10 月和 11 月，销售额达到了当初预想的近 3 倍。游客购买面包时甚至要排 1 个多小时的队（图 5-2）。开店初期，多亏了城市烘焙馆派来的支援团队，我们才得以稳住局面。

此外，我还与定期来现场视察的小山总经理及其公司的团队多次进行协商，灵活地变更了店铺布局、重新评估了面包

图 5-2 "白马山港"的入口处人潮拥挤

烘烤的操作流程等。

这样一来，到了第二年春天，城市烘焙馆白马店的销售量翻了一番。

虽然给 FONZ 公司增加了很多负担，但销售额比预想的要高很多。结果，我们支付的加盟费也比当初预想的要多很多。

此外，城市烘焙馆白马店出现在了各种媒体上。有游客评论说："在白马村第一次光顾城市烘焙馆，就喜欢上它了。"

从这个意义上来说，我们不仅提供了金钱方面的利益，也给对方的品牌带来了好处。

综上所述，多亏了加盟形态这个提案，两家公司充分发挥了各自的优势，建立起了可以称之为双赢的关系（当然，我们从中受益更多）。

尽管之前没有先例，但小山总经理却提出了灵活的建议，他表示"作为同一个县内的企业，想为白马村的发展贡献一份力量"，我至今仍发自内心地感谢他。

⇨ 通过与外部人士合作，强化外部视角

我经常会听到这样的声音："既然是小地方的景点，最重要的就是要体现小地方的特色。"

当然，当地特有的东西非常重要。但是，从城市来的游客，未必事事都追求"乡村的感觉"。

对于那些平时习惯美食和时尚空间的游客，我们首先要提供超出一般的满足感和安心感。只有做到这一点，我们才能让他们更好地慢慢享受当地特有的东西（以岩岳为例来说的话，就是指白马三山的绝妙风光）。

仅凭自己的力量和经验，确实很难达到那个水平。这时我们就应该和那些在城市里开展精彩活动的"外部人士"积极合作。

如果能将当地特有的东西与外部视角完美结合，就能更有效地活用隐性资产。这一点和第三章中讲的内容一致，不仅是公司内部的事情，和外部的人合作时也同样适用。

除了与城市烘焙馆的合作，像这样与外部伙伴的合作在振兴白马区域的各个方面都发挥了很大作用。

与雪峰总经理山井太相遇

雪峰公司是日本最顶尖的户外用品综合制造商，也是我们白马村不可缺少的合作伙伴。

山井太先生是户外用品行业最知名的企业家之一，是雪峰公司的总经理。我和他的相遇要追溯到 2016 年 10 月。事情的起因是，一位常年在白马村经营住宿设施的女性突然上门拜访了山井总经理，发出了求救信号，高呼"请帮帮白马村"。

当时，入境游客的人数不断增加。特意从外国来玩的游客，一般会在白马村停留好几天。

但是白马村一直以来都是以日本人独特的"两天一夜，包两顿饭"的住宿形式为前提建造的城镇。能够让长期逗留的游客享受饮食、购物等"滑雪后的娱乐活动"的场所，是严重不足的。

另外，当时白马村观光局的咨询服务台位于村办事处配楼的2楼。这里不能成为供游客问询信息的中心设施（你认为有必要向能自行前往办事处配楼2楼的人提供观光介绍吗？）。

白马村要想进化为度假胜地，"方便游客前往的景区入口，即能够补充目前景区所缺少的功能、代表'城镇颜面'的设施"是不可或缺的。

基于这样的判断，我们看上了白马站附近的一块1.5万平方米的闲置土地（也称"第四停车场"）——从那里游客可以眺望白马三山的美景。在泡沫经济时期，这里曾被租作滑雪场的停车场，后来废弃了，可以说是隐性资产。

接下来就是每次开展项目都会遇到的状况："虽然有想法，想要执行的时候却没有品牌、技术和资金，什么都没有。"我们唯一拥有的就是在交通极为便利的地方，可以眺望绝佳风景的平坦的土地。

这样一来，寻找合作伙伴就势在必行了。

这也是我每次都会遇到的情况。在这种依赖他人的状态下，事情往往很难取得进展。在我下决心无论如何都要实现商业化之后的近两年里，什么具体事项都没有定下来。

就在这时，前文提到的那位女性打来了电话。

她说："这次山井总经理要来白马村了。和田先生，你没有什么想提的议案吗？"

当时我就像抓到了最后一根救命稻草，不由自主地当即回答说："请你一定要让我见他一面！"

⇒ 在秋高气爽的碧空下达成合作

那一日天公作美，整个过程和 FONZ 公司的小山总经理来的时候完全不同。

10 月上旬，红叶还没到最适合观赏的时候。在一碧如洗的晴空下，白马群山以其壮丽的景致迎接了山井先生。

先是由其他团队带领大家游览了八方尾根（这是后话，几年后，由雪峰公司策划的位于日本最高峰的豪华露营地在八方尾根建成），然后山井总经理一行抵达了岩岳。我带他们乘坐岩岳的缆车游览山顶后，傍晚下山，带他们去了"第四停车场"。

后来我才听说，山井总经理一开始说："我看过很多美景，一般的景色都不会让我感到惊讶。"但是那个时候，他饱览了整个白马村的壮丽风光，好像真的喜欢上了这里。我向他介绍了"第四停车场"的土地概况和项目目标，他当即拍板说："我不知道将来会以什么样的形式合作，反正一起干吧。先试着搞一次活动。"

之后，在山井总经理的号令下，在 2017 年夏天，我们以八方尾根和岩岳为主会场举办了豪华露营活动。在与雪峰团队进行密切交流的过程中，我被他们"将户外空间完美地进行分割、装饰的技术"所折服（实际上，当时雪峰公司在岩岳山顶利用空间的方法，后来也为"白马山港"及其周边的设计提供了重要经验）。

这次活动取得了圆满成功。雪峰公司对于在白马村开展事业产生了自信，主动向我提议说他们想自行建造并运营"第四停车场"。

当初我们打算自己从基金等方面筹集资金来建造设施，让他们作为租户入驻。没想到他们的提议如此积极，让我大吃一惊。当然，我们对此毫无异议，双方一拍即合。

⮞ 雪峰白马股份公司成立

2018 年 9 月，以雪峰公司为主要投资人，与白马村（虽然出资极少）共同成立了雪峰白马股份公司。我也作为该公司的董事持续参与了讨论。

设计、建设、店铺经营的准备工作等都是由雪峰公司为主负责推进的。我们这边负责与土地所有者进行协调、与行政部门进行确认、申请领取补助金等工作。

关于外观设计，山井董事长竟然拜托了关系很好的隈研吾老师。他是众所周知的世界级建筑师。

建成的是木结构建筑，与大自然融为一体，极具隈老师的设计风格。建筑最大限度地扩大了露台和室外空间，可以让人享受在室外生活的乐趣。这样的设计自然让我们所有人都非常感动。这是优秀的合作伙伴带来更优秀的合作伙伴的结果。

由于新冠疫情的影响，我们稍微推迟了开业时间。2020年春天，"白马村雪峰驿站（Snow Peak Land Station HAKUBA）"终于开业了（图5-3，图5-4）。

图5-3　"白马村雪峰驿站"的店内一角

该设施开展购物、露营用品租赁、餐饮、举办活动等各种各样的业务。这是一个全新的"体验型设施"——在白马村壮丽的自然风光中，游客可以全方位地感受雪峰公司提倡的野外游玩的乐趣。

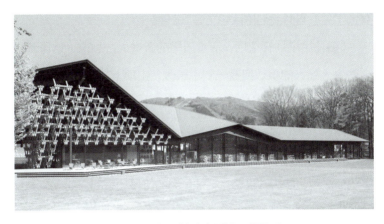

图 5-4 "白马村雪峰驿站"的外观

虽然疫情期间游客不太愿意出门，但是由于雪峰公司的品牌影响力和设施本身的魅力，驿站开业之后就吸引了很多游客。尽管选址在白马村这样的小地方，但是据我所知，从开业第一年开始，它的销售额就在雪峰公司的直营店铺中名列前茅。

雪峰公司的到来，对我们整个白马村来说是非常有利的。另外，我认为对雪峰来说也有一定的好处。

这也可以说是构筑双赢的伙伴关系以促进区域振兴的案例。

⇒ 借助茶巴蒂公司的力量，"白马片刻之森"开业

2021 年秋天，我们又多了一个非常好的双赢合作伙伴，那就是在表参道和京都岚山人气颇高的司康店茶巴蒂。我曾在第三章中写过，我和朋友两个大叔一起去买面包，周围排队的全都是

女大学生，当时我们排队等了 30 分钟。

"白马山港"开业后，滑雪淡季的游客人数剧增。这虽然是一件令人高兴的事，但是一到小长假，山顶上就变得人山人海，游客就餐和活动的等待时间大幅增加，让人难以应付。

这样下去的话，游客的满意度不会提高，总有一天会厌倦。

有了这样的危机感，从 2020 年秋天开始，我们开始探讨除了山顶区域，能否开辟出有其他魅力的区域和新的活动。

于是，我把目光投向了冬季的主要上山缆车之一——"5 号线南侧上山缆车"的起点区域。游客从山脚下先坐吊箱缆车上到山顶，然后再坐缆车下到半山腰。

游客可以从这里眺望到与"白马山港"不同方向的迷人景色，而且比起山顶区域，这里有更广阔的平坦空间，所以可以补充山顶区域没有的要素。

因此，我们决定将这片区域改造为"白马片刻之森"（图 5-5）。

其核心就是茶巴蒂白马店（图 5-6）。虽然被女大学生包围的羞耻感还记忆犹新，但让人记忆更深刻的是以前从未品尝过的茶拿铁和司康的美味。

茶巴蒂虽然菜单结构简单，但拥有非常强大的核心商品。这一点对于必须在有诸多制约条件的山上构筑运营体系的我们来说很有魅力。

图 5-5 "白马片刻之森"的全景

图 5-6 茶巴蒂的极品司康和茶拿铁

　　之后的流程和以前没有太大的变化。我们通过熟人的介绍认识了茶巴蒂的负责人，向对方宣传了白马村的魅力，让他来现场看一看，亲自感受一下白马村的优越之处，然后生意就谈成了……

多亏了茶巴蒂，店铺的设计和菜单等也变得非常精致。最后的结果是，即使来的游客比以前更多，我们也能让他们在这里度过一段非常舒适的时光。

我在本书的开头部分提到过 2022 年 5 月 4 日我们迎来了 4700 名游客，这一数字大大超过了此前的最高纪录 3400 人（截至"白马片刻之森"开业前的 2021 年 10 月）。

尽管奔着茶巴蒂来的游客人数差不多是之前的 1.5 倍，但山顶区域并没有很拥挤，可以说是"白马片刻之森"的效果显现了吧。

⇒ 寻找合作伙伴的旅程

当然，虽然在这里不能写得太详细，其实探索建立伙伴关系却没能成功的例子也有很多。无论是成功还是失败，我都经历了很多。

回顾这些经历，我认为要想建立最佳的双赢伙伴关系，有几个步骤值得思考。

我将成功所需的步骤整理如下。

建立伙伴关系的 6 个步骤

【步骤①】

好好寻找想要活用的隐性资产，并用语言描述出来。

【步骤②】

列出适合活用隐性资产的潜在合作伙伴名单。

【步骤③】

为了降低一开始就被拒绝的概率，礼貌地进行预约（尽可能地找个靠得住的人，请他帮忙介绍）。

【步骤④】

根据自己公司和对方的优势，选择最合适的合作形式。

【步骤⑤】

向潜在合作伙伴明确传达合作的好处。

【步骤⑥】

即使进展不顺利也不要放弃，热情和气势非常重要。

我在第一章中已经讲过步骤①的重要性。如果对隐性资产的魅力定义错了，我们就会找不到合适的合作伙伴。这一点大家应该能理解吧。

以"白马山港"项目中与 FONZ 公司的合作为例，隐性资产的魅力就在于"岩岳山顶的绝美风光"；在和雪峰公司合作的案例中，"位于交通极为便利的地方，可以看到绝美的风景，却没有被利用的广阔停车场旧址"就是隐性资产。

我在第四章中介绍的街区振兴项目中与开心股份公司合作的案例，也是建立双赢伙伴关系的例子。在这个项目中，"充满魅力的街区和散布在那里的旧民居群"就是整个地区的隐性资产。

至于应该和谁合作（步骤②），并没有正确答案。列举多个候选品牌进行比较讨论固然重要，但最终只能从"自己喜欢其品牌，并且能够取得联系，说不定还会对项目感兴趣的对象"开始挨个联系沟通。

为了提高"喜欢"的准确度，也为了找到更多的候选品牌，我在第三章中提到，团队中有具备"外部视角"和"外部经验"的人才是很重要的。当然，"内部人士"也需要通过积累各种游玩经验，磨炼自己的"外部视角"。

我们想联系沟通的对象，一般都是受欢迎的品牌。他们往往已经从各种各样的人那里收到了很多橄榄枝——我们在联系他们之前必须认识到这一点。

如果你突然给对方发邮件或打电话，对方对你感兴趣的概率并不高（把山井总经理请到白马村的案例只是一个幸运的例外）。如果请对方很难轻易拒绝的人帮忙介绍，见面的概率就会更高（步骤③）。关于这一点，我想在第六章中再详细叙述。

⇨ 选择最合适的合作形式

步骤④"选择最合适的合作形式"也很重要。

在这个阶段有用的做法是，分别从"品牌影响力""运营能力"和"资金实力"等方面比较对方和自己公司，看看哪一方更有优势，并整理成表 5-1 的形式。

表 5-1　建立伙伴关系时的基本思考方式

考虑的因素		品牌影响力	
		对方强	自己公司强
运营能力	自己公司强	①加盟	基本上由自己公司运营。如果对方兴趣浓厚，则请其赞助
	对方强	【自己公司在资金方面比较宽裕】②租户	委托运营
		【自己公司在资金方面不宽裕】③对方直营项目（自己公司是领航员）	

根据之前介绍过的具体案例，我们可以将合作整理成以下几种模式。

①加盟

在和 FONZ 公司合作的案例中，因为对方的品牌影响力强，而我们在山上的运营能力更强，所以加盟形式就是合理的解决方案。

和茶巴蒂结成伙伴关系的时候也是这样，后来这种形式在我们心中成了一种固定模式。

②租户

在和开心股份公司合作的案例中，由地区振兴支援机构和县内地方银行出资的 "ALL 信州观光振兴基金" 以及日本电气股份有限公司出资的地方振兴基金做了强有力的后盾，我们在资金方面的实力更强。因此我们进行了投资，邀请在品牌和运营上都有优势的开心股份公司作为租户入驻。

③对方直营项目

在与雪峰公司合作的案例中，对方在"品牌影响力""运营能力""资金实力"方面都具有压倒性的优势。因此，我们成为领航员，让山井总经理亲自感受"白马村的绝美风光"，达成了直营模式的合作。

⇨ 对方能得到什么好处？

当然，向有可能成为合作伙伴的对方明确地传达与自己合作的好处是必不可少的（步骤⑤）。

对于对方来说，好处当然也包括加盟费等金钱方面的利益，和城市烘焙馆的合作就是这样。

不过，除此之外，我们也不能忽视"提升品牌价值"这个好处。

关于品牌价值，我们认为有几种模式，并对公司外部的人进行了说明。

其中一种是，这里聚集了超过一定数量（每年20万人以上）喜欢户外活动的人，品牌能够在他们长时间逗留的地方受到关注。在山上这种非日常的空间里接触到品牌，更容易给游客留下深刻的印象。

虽然新冠疫情期间客流量受到了影响，不过入境游客长期在这里逗留，对某些品牌来说也是有好处的。

实际上，雪峰的山井总经理在位于原宿的办公室召开记者发布会时也说过这样的话：

"雪峰正在积极推进向海外发展。我们期待'白马村雪峰驿站'能吸引欧美游客到白马村旅游，同时也能让那些在白马村体验过雪峰产品的人回到自己国家后也购买雪峰产品。"

我们能给合作伙伴带来什么样的好处呢？为了思考这一点，我们需要对自己所拥有的隐性资产进行多层次、定量的说明。

🔄 坚持到最后，不怕被拒绝

写了很多理论，但归根结底，有时候最重要的还是我们与对方的缘分。

即使自己想要合作，如果对方不这么想，那也毫无办法。当然，也有像和 FONZ 公司合作时那样，我方不肯放弃、坚持劝说，最终取得成功的案例，不过有很多时候即使坚持也没有用。

但是，为了活用这些隐性资产、借助外部力量，我们就只能不断地向他们发出邀请（步骤⑥）。

如果你觉得"可能行不通，所以不邀请"，事情就不可能顺利办成。

"明知不行，也要试试。保持原来的状态，只会越来越痛苦，万一办成了就是运气好"。我们只能抱着这样的想法不断地主动进攻。在这一点上，我深深地感到这和恋爱是同样的道理。

和恋爱一样，还有一点也很重要。

那就是，如果对方愿意搭理你，你就要拼命去爱。**为了实现向对方承诺的"好处"，我们也要不断努力。**如果没有这样的态度，对对方来说是很失礼的，而且下一个项目的潜在合作伙伴也会关注我们之前付出的各种努力。

 第五章小结

☑ 为了获得自己公司没有的经营资源，要积极寻求与外部的伙伴关系。

☑ 为了找到最合适的合作对象，平时就要积极地游玩，养成"外部视角"。

☑ 不要一开始就放弃，觉得"反正对方也不会理睬"。

☑ 从加盟、租户、对方直营项目这三种合作形式中选出最合适的一种。

☑ 要靠热情和爱，耐心地坚持谈判，一旦成为合作伙伴的话，就要不懈努力，给对方提供最大的好处。

6

第六章
灵活运用外部力量！组成强有力的助威团

借用"助威团"的力量打磨隐性资产

这是人气组合"无限开关①"中常田真太郎的支持下举办的音乐节。白马岩岳的山顶上回荡着近千名观众的掌声。

---

① Sukima Switch，日本男子音乐组合，成员有大桥卓弥和常田真太郎两位词曲创作者。

"我已经表达过很多次了，非常感谢白马村的各位工作人员，请大家给他们送上热烈的掌声。"

在山顶上举办的音乐节在日本很少见（恐怕是第一次）。专程赶来白马村的近千名粉丝一起鼓掌。这对于刚才还在会场内为了活动的组织运营东奔西跑的工作人员来说，简直是太意外了。健司、阿悟和我三个人并排听着，都感动得哭了起来。每个人眼睛里都闪着泪光。

2020 年 10 月 4 日。

爱蓬户外用品赞助的白马"Yoo-Hoo 音乐节——白马之声"（以下简称"白马音乐节"）的第二天，大家欢聚在夕阳西下的岩岳山顶。

在近千名观众要求返场的掌声中，"无限开关"组合的两位成员走了出来。为了一起演唱《全力少年》，担任这次音乐节策划人的原"一室公寓"①的成员 ISEKI② 先生也出现在了舞台上。

"无限开关"的另一位成员大桥卓弥先生让 ISEKI 先生"讲两句"，他就对我们团队说了本节开头的那段话。

哎呀，没想到我们这些外行居然能组织这么大型的活动。活

---

① 日本乐队名称。

② 本名为井关靖将，ISEKI 是其艺名。

动因为新冠疫情而不得不延期，由于人们对举办音乐活动持批评态度，吸引观众的工作也没有像预想的那样顺利。

虽然回想起来都是这样辛苦的记忆，但是 ISEKI 先生的那段话让我觉得一切都是值得的。

⮞ 与"无限开关"成员真太郎的相遇

白马音乐节最初的契机，是由"无限开关"的常田真太郎先生（以下称真太郎）创造的。

与真太郎的相遇，是我和"超级营业员"阿悟共同推进"旅笼丸八"项目时候的事。2019 年 2 月，东京电视台制作的经济类纪录片《大地的黎明》用了近 30 分钟的时间报道了这一举措。这一期节目引起了真太郎的注意。

其实真太郎从小就经常去白马岩岳。在音乐节当天，他甚至在舞台上说："我自从在妈妈肚子里的时候就经常来白马村。我有一张照片，是妈妈挺着大肚子在岩岳拍的。"

可见他是白马村的"铁杆粉丝"。所以他看了《大地的黎明》之后，通过经常下榻的岩岳客栈的老板，邀请我一起吃顿饭。

由于那次缘分，我和真太郎的来往变得频繁了。某一天，也不记得是谁先提出来的，我们聊天时有人说道："要是能在风景绝佳的岩岳山顶举办音乐活动，那就太棒了。"

真太郎说："那么，关于活动企划，我给你介绍一个最值得信赖的人，请你们好好策划一下。"于是，他就把原"一室公寓"的成员 ISEKI 先生介绍给我了。

从大手町的星巴克到白马村

"白马山港"建成后，以前不怎么来白马村的年轻女性群体开始增加了。但是，当时对于很多人来说，滑雪淡季的白马村并不是备选的旅游目的地之一。

不过，我也亲眼看到，只要滑雪淡季来过一次白马岩岳，很多游客就会表示"来值了"，往往还会再来。

也就是说，无论以什么样的理由，如果能给游客创造一次接触白马岩岳绝佳景色的机会，他们就有可能再次光临。

想到这里，我头脑中浮现出了一个主意，那就是以美景为卖点的音乐节。我们可以在充分利用山顶宽阔的草坪广场这一隐性资产的同时，还能吸引"如果没有音乐节就不会来岩岳的新游客"。在山顶举办音乐节这样的构想，似乎也没有其他先例。

就这样，2019 年的冬天即将结束的时候，我和阿悟前往东京，第一次与 ISEKI 先生见面。

虽然说要举办音乐节，但其实我对日本流行音乐的音乐人和行业并不了解，完全不知道 ISEKI 先生是多么厉害的人（抱歉！）。因此，作为见面的地点，我随意选择了从上一份工作时就经常光顾的大手町的星巴克，那里人来人往，非常热闹。

那是我们第一次和 ISEKI 先生见面。尽管把他叫到星巴克来是有点失礼的行为，但他还是非常认真地给我讲了举办音乐节的方法。我对他温和的人品感到非常意外。同时他又不无担心地对我说："你得做好思想准备，在乡下举办音乐节很不容易，与在首都圈 ① 举办相比，吸引来的观众人数可能只有十分之一。即使你邀请的歌手平时在剧场演出能吸引来数千名观众，到了你们那里恐怕只能吸引来几百人。""第一次和第二次举办音乐节也很难达到收支的平衡。你做好思想准备了吗？""你好像从来没有举办过这样的活动，真的没问题吗？"

尽管如此，我们坚信"绝景 × 音乐"对于今后提高白马村的存在感绝对有帮助，所以无法放弃。我又搬出来了老一套做法，对他说："总之，请您先来白马村看看吧。"就这样，我们成功预约了下一次见面。

⇋ ISEKI 先生迷上了白马村

到了 5 月，ISEKI 先生带领和他一起策划活动的 3 名团队成员来到了白马村。

其实，5 月是白马村最美的时节。群山中还残留着皑皑白

---

① 以东京站为中心一百千米以内的地区，包括东京都以及周边的七个县。

雪，而海拔较低的村庄里则逐渐冒出了新绿。虽然是一年当中游客最少的时期之一，但是这一段晴天的概率很高，天气开始变暖，非常舒适。如果问当地人最喜欢哪个时节，很多人都会说是5月到6月上旬新绿的时期。

ISEKI先生一行到来的那天，正值新绿耀眼的5月，是个晴空万里的日子。我们一边讨论在哪里举办音乐活动比较好，一边在岩岳山顶四处漫步。我向他们一一介绍。

在路上，ISEKI先生的团队成员脸上都浮现出了非常满意的表情。他们纷纷表示："原来日本竟然有这么美丽的景色。""要是在这样的景色中歌唱，歌手也会很高兴的。""5月的白马村真是太棒了，如果能让更多的人了解的话会很火的。"

负责向导的健司、阿悟和我三个人交换了眼神，心中一阵窃喜。

这样一来，整个团队都变得兴致勃勃，谈判进行得很顺利。

举办音乐节的地点定在了岩岳山顶的草坪广场，举办时间定于来年（2020年）5月下旬。我们决定举办为期两天的音乐节，目标是吸引1000名观众。

🔁 与助威团一起克服各种困难

决定举办音乐节的事情进行得很顺利，但无奈我们这些负责具体执行工作的人都是对音乐节一无所知的门外汉。环顾公司内部，作为观众参加过音乐节的人也只有办公室里的一个年轻男孩。

我心想这样可不妙啊，于是慌忙参加了在别处举办的夏季音乐节，第一次学到了相关知识："原来如此，原来音乐节是这样的啊。"

就这样，我对"什么是音乐节"有了最低限度的了解，但我仍然完全不知道应该按什么顺序、从什么开始准备，也不懂得应该怎样卖票。最后，ISEKI 先生的团队变身助威团，手把手地从零开始教我们。

ISEKI 先生说，首先要找到主要的赞助商。于是，我立刻找到了日本最大的体育用品零售商爱蓬。

实际上，我和爱蓬公司关系匪浅。二十轩翔担任爱蓬的专务执行董事运营总监（COO），是让该公司腾飞的功臣之一，也是我在咨询公司工作时的同事。

因为有这样的缘分，在此之前，户外用品零售领域的霸主爱蓬公司和我们之间，也实现了各种各样的合作。

例如，位于岩岳山中的露营地就是爱蓬户外用品赞助的。就像在爱蓬户外用品的店内展示的一样，我们之间建立了能够在露营地实际体验那些时尚的最新露营产品的机制。

这次在举办音乐节之际，我去拜托（央求）他们提供赞助。我的说辞是："那些平时不参加户外活动的游客由于'音乐'这个关键词，纷纷来到户外。我们能不能趁这个时机一起热闹一下。"

结果令人很满意。对方赞同我们的宗旨，欣然答应成为我们的主要赞助商。因此，我们将活动命名为"爱蓬户外用品赞助白马 Yoo-Hoo 音乐节——白马之声"。

就这样，日本最大的体育用品零售企业这一强大的助威团成了我们的后盾。

🔹 新冠疫情来袭

在我找到赞助商的同时，ISEKI 先生的团队也完成了和歌手的签约。以"无限开关"为首的优秀成员都来了。

售票也顺利开始的时候，突然间乌云密布。

2 月下旬，距离举办音乐节还有不到 3 个月的时间。新冠病毒开始在日本蔓延了。

出于健康方面的考虑，社会上所有的大型集体活动都不得不停办。4 月，政府发布了紧急事态宣言，根本没有举办音乐节的氛围了。

如果在这种情况下坚持举办，反而会损害口碑，影响今后的发展，而且很有可能会给请来的歌手带来麻烦。做出这样的判断之后，ISEKI 先生和我们惋惜地放弃了 5 月举办的计划，也解除了与歌手签订的合同。

但是，我们无论如何都不想放弃举办这个活动。对于这种心情，ISEKI 先生及其团队成员也给予了回应。我们期待疫情早日结束，决定重新安排日程，把时间定在了当年的 10 月上旬，因为只有那段时间"无限开关"才有档期。

由于第一次签约的部分歌手不能参加了，再加上整个社会对参加大型活动的态度变得消极了，调整日程后的门票销售情况比原计划 5 月举办时更低迷。

即便如此，我们也想创造机会让更多的人了解白马村。这时，ISEKI 先生为我们提供了支持。他在广播和社交网络上反复帮我们进行宣传，同时时刻关注疫情变化，与我们保持密切联系，以确认是否真的能举办。

⇌ GAKU-MC 先生的眼泪

从 8 月前后开始，新冠病毒的感染状况开始得到控制，感染人数急剧减少。我的心中萌生了一线希望："说不定能办成呢。"（后来，一进冬天政府又发布了紧急事态宣言，现在回想起来，当时大概正好处于疫情的"低谷期"。）

虽说如此，周围举办音乐节的地方还不算多。有些地方举办了，但是因为疫情防控政策不严在社交网站上引发了争议。关于白马音乐节是否如期举办，我们很难做出判断。

最终，我抱着"活动是在室外举办的，只要组织运营时能够确保安全的社交距离就没问题"的信念，拿出了切实可行的对策。结果 ISEKI 先生的团队和爱蓬公司都表示支持举办。

多亏了大家的支持，活动终于在 10 月 3 日和 4 日这两天成功举办了。看天气预报的时候我们正有些担心，不过也许是老天也肯帮忙，太阳时不时地从云层中露出脸来，白马村的群山迎来了很多游客。

第二天过去了一半。

近千名观众正在欣赏绝佳的风景和美妙的音乐，曾在"EAST END①"和"Ukasuka-G②"等组合中也很活跃的 GAKU-MC 先生，站在真太郎的钢琴前面，对观众们说："有没有人觉得今天的音乐是最棒的？""哎呀，真是太高兴了。像现在这样，大家聚在一起，流着汗，喝着啤酒，高声喊'耶！'。这些在 2019 年之前都是很正常的吧……""那个……呃……（声音哽咽）我想大家应该都意识到了，原来我们的日常生活已经发生了翻天覆地的变化。""我本人是这样，每一位观众也是这样，今天来到这里，心里一定是百感交集吧……""似乎，变得有点安静啊。对于我来说，能像这样……和大家一起打造舞台，是一件很幸福的事……（再次哽咽，观众掌声雷动）"

GAKU-MC 先生是一位资深说唱歌手，还曾参加过"NHK

---

① 由 1 名说唱歌手和 2 名打碟者组成的 Hip Hop 组合，20 世纪 90 年代在日本很火。

② 日本的音乐组合，于 2013 年组成，另一名成员是樱井和寿。

红白歌会"。那样的他在舞台上流下了眼泪，他讲的话触及了
所有人因为疫情而压抑的心情，观众和工作人员都被深深地打
动了。

虽然可能只是一点点，也许白马音乐节多少能帮助大家释放
因疫情影响而压抑的心情。一想到这里，虽然很辛苦，但我也获
得了很大的成就感，觉得能够举办这个活动真的很好。

以前我在工作中从未流过眼泪，这次却泪流不止。再加上本
章开头介绍的 ISEKI 先生的评论，这次活动让我的内心受到了
震撼。

⇒ 助威团和合作伙伴

希望有更多游客了解白马村。

虽然我们这样一群外行只考虑到了这一点，但我们策划举办
的活动受到了歌手和观众们的喜爱。

这完全是得到了以真太郎和 ISEKI 先生为首的**众多助威团
的支持的结果**。

除此之外，在实施各种举措时，有很多时候都是靠助威团的
力量向前推进的。

从利用"外部力量"来促进地域振兴这个意义来看，这里所
说的助威团和第五章中写的合作伙伴具有相似的要素。有时候，
合作伙伴也会转变成助威团。

合作伙伴是指签订合同、彼此在经济方面都有利可图的情况下，想让白马村变得更好的人。

而助威团并没有什么经济方面的回报，只是喜欢白马村和这里的团队，作为粉丝为白马村提供帮助的人。

例如，我与真太郎相遇的契机——《大地的黎明》的播出，就是多亏了公关公司 Skew 的成员协助。他们自称是"白马村东京营业总部"的员工。

因为 Skew 是我们公司签约的公关公司，所以可能不算单纯的助威团。但是，我们公司很穷，跟实际的工作量相比，我们支付的报酬是非常低的。

尽管如此，他们还是会向媒体和自己的客户宣传白马村，并邀请对方一起来游玩。他们喜欢上了白马村，也喜欢上了我和阿悟、健司、浩司等人组成的团队。

能够参与录制《大地的黎明》，多亏了 Skew 公司的成员之一矢野正太郎先生的努力。他不厌其烦地对和自己有交情的东京电视台的制片人说"我们去白马村玩吧。""我想给你介绍一些做有趣事情的人"，然后就把制片人带来了，这才有了后续的故事。

另外，多年的助威团成员真太郎帮我们请来了新的助威团成员 ISEKI 先生。就像这样，有时候现有的助威团也会帮忙介绍下一个助威团。

前文提到的 Skew 公司的矢野先生原本就在餐饮行业工作

了很长一段时间，在餐饮领域有着广阔的人脉。2021 年秋天茶巴蒂在"白马片刻之森"新开了一家分店，也是他介绍来的。

结果茶巴蒂的总经理平川昌纪先生又成了白马村的粉丝，经常来白马村游玩，有时候还会带他的客人一起来。

就像这样，助威团的圈子越来越大。他们不计得失地帮助我们，很开心看到白马村的发展。

把身边的人拉进助威团

有一种助威团，我们认为它和外部来的助威团一样重要。那就是让当地人成为助威团。

我已经说过很多次了，我们公司很穷，不可能做大规模的广告宣传。

但是，白马村有很多从事旅游相关产业的企业家，涉及旅馆、餐厅、交通运输等行业，他们各自拥有面向游客的强大的宣传渠道。

积极为这些人创造机会，让他们了解白马岩岳，有机会的话帮忙宣传一下白马岩岳，是非常重要的。

为此，通常卖 2000 日元左右的吊箱缆车的往返门票，对白马村和小谷村全体村民只收 500 日元，孩子直到读完高中之前都免费。这样一来，他们上山游玩的时候感觉就像是去附近的公园一样。

此外，我们有时候也会在工作日的晚上举办活动，而不是在客流量更大的周末。那是为了照顾当地人，因为他们反映说："游客多的周末，我们也很忙，没时间去玩。"

另外，从当地开始扩大滑雪运动的群众基础也是非常重要的。因此，我们决定从 2021 年冬天开始，让在白马村内上学的学生免费使用滑雪场。

就像住在东京的人不会频繁地去爬东京塔一样（我以前就是这样），普通的收费标准也无法激励人们频繁地去当地的景点游玩。

当地人的游玩次数有限，即使对他们大幅降价也不会造成亏损。相反，如果能让他们加入助威团，对住在旅馆的人说一句"岩岳值得一去哦"（如果没有让他们领略到岩岳的美，他们是不会说出来这句话的），那对于我们来说就是万幸了。

我们在之前就遇到了这样的情况：最初让我们负责改造的旅馆原主人非常支持我们，为我们介绍了下一套房产，还推荐说"交给他们改造之后，变得可好了"。

此外，在推进项目的过程中，经常帮我们出谋划策的当地重要人物也在其他方面给予了我们各种各样的支持。他们说："因为有阿悟、健司以及和田在，所以我要支持你们。"

当地人在附近会看清我们的一举一动。这些人真的可以信赖吗？交给他们没问题吗？

当地人对我们的评价到底怎样，我们自己也不太清楚。但是，我能够感觉到我们逐渐得到了他们的认可。

因为某一件事，周围的人一下子就会对你产生信任，这种电视剧里的情节恐怕是不可能发生的。从能做的事情开始认真着手，哪怕是很小的事情，也会有一定的概率取得成功。我认为通过积累这些"小小的成功体验"来获得信赖比什么都重要，所以每天都在努力。

⇌ 用土地和团队的魅力吸引更多的助威团

虽然很难一一记载，但我们还有幸遇到了很多助威团，因而各种各样的举措都在向前推进。

本书中提到的很多合作伙伴，都是以个人身份加入的助威团。他们到处帮白马村做宣传，介绍好的合作伙伴。

当地和东京的金融机构也为我们提供了各种援助。

其中，在岩岳街区振兴项目中给我们提供帮助的地方经济振兴支援机构的负责人，竟然是我就读的初中和高中的学弟。我们两个人私下组成了一个"白马开成学校校友会"，以相当亲密的关系推进了谈判。

除此之外，还有每年都买旺季通票来白马村游玩的一位广告代理商给我们带来了大量的赞助项目，还有带着很多企业家一起来白马村游玩的富豪……写到这里，我再次感到自己得到了很多人的支持。

大家能加入助威团，绝不是我一个人努力的成果。

白马岩岳这片土地所具有的魅力，以及在这里居住、工作的团队成员的魅力，还有感受到热爱白马村这片土地的热情的人，最终造就了助威团。

这并不是一个完美的团队，但是因为团队全体成员都有很高的热情，朝着"打造日本前所未有的度假胜地"这一共同目标努力做事，才会吸引更多人加入。

正如第一章中写的那样，这些助威团的存在有时会直接成为隐性资产。另外，就像本章中介绍的那样，在打磨隐性资产的时候，他们也会提供很大的帮助。

请大家一定要确认一下自己身边是否有这样的助威团。

和他们在一起，即使辛苦也能开心地接受新的挑战，能发现新的取胜机会。

至此，我给大家介绍了如何找到"隐性资产"（融合内部和外部视角）、在哪里找到（不是从点上，而是从整个面上寻找）隐性资产、如何打磨找到的隐性资产（和合作伙伴、助威团一起）。

接下来，我想就如何才能有效、持续地打磨隐性资产，介绍一下找自己的想法。

 第六章小结

☑ 珍惜不求太多经济方面的回报就给予协助的助威团。

☑ 助威团不是短期内就能建立起来的。要靠人、物、团队的综合魅力，让助威团一点一点地增加。

☑ 努力让当地人成为助威团的举措，将会让你收获很大的成果。

☑ 一点一滴地积累"小小的成功体验"也是很重要的，不是一朝一夕就能让别人加入助威团的。

☑ 助威团本身就是隐性资产，在打磨隐性资产的时候他们也会提供很大的帮助。

CHAPTER

7

第七章
挺起胸膛！索取报酬不丢人

打磨隐性资产的价格战略

我们拥有日本国内滑雪场唯一的贵宾服务——"白马S级"贵宾使用的休息室。虽然贵宾票的价格是普通缆车票价的2倍左右，但也有粉丝说"无法想象没有这个休息室的岩岳"。

山里的汉子健司。

太好了！没人！

没想到还挺有童趣的。

"啊？要收钱吗？"

"1000 日元？太贵了吧？确实大小接近普通秋千的 2 倍，眼前就是令人惊叹的壮丽风景。不过话说回来，它只是个秋千啊，秋千而已。在公园里荡秋千，哪里有人会付钱呢？"

在 2020 年冬天的某一天，新冠病毒开始逐渐侵蚀我们旅游业的发展。

在讨论下一个夏天的计划时，健司和阿悟都面露难色。关于把不再使用的缆车终点平台改造成美景秋千"Yoo-Hoo! SWING"的想法，我提议说："既然要做的话，我想安排工作人员提供服务，以收取费用的形式来做。使用一次 1000 日元左右怎么样？"结果这个提议遭到了公司内部的强烈反对。

⇌ 盛况空前的"Yoo-Hoo! SWING"

即便如此，我还是不肯让步，坚持收费并安排专人提供服务。最终，我们决定每次（约 2 分钟）收取 500 日元的费用。

虽然在金额上妥协了一半，但是我认为我们应该"完善好服务内容，收取相应的报酬。以这些钱为基础开展下一步的布局。如果不这样做，滑雪场就没有未来"。基于这样的信念，我坚持通过了这项决议。

最终，我们在"Yoo-Hoo! SWING"安排了至少 1 名常驻的工作人员。为了以防万一，还让游客戴上了保护带。

每一次的使用时间约为 2 分钟。这正好是改编后的《阿尔卑斯山的少女》的主题曲的时长。游客可以边听歌边享受荡秋千的乐趣。

这个主意是健司提出的。"在位于北阿尔卑斯山的白马村，播放《阿尔卑斯山的少女》的音乐"，这是一个非常"平庸"的创意，但我觉得这种"傻乎乎"的助兴也可以用于休闲设施，所以就决定采纳了。我们还向日本音乐著作权协会（JASRAC）申请，获得了乐曲的使用许可。

就这样，在 2020 年 7 月，日本新冠疫情最严重的时候，"Yoo-Hoo! SWING"开张了（图 7-1）。

图 7-1　荡进绝佳景色里的"Yoo-Hoo! SWING"

在绝佳景色中荡秋千是一种容易让人产生想象的卖点，通过播放《阿尔卑斯山的少女》的音乐点出了简明易懂的主题。这个设定显得有些傻，然而这个方法奏效了，很容易就得到了媒体和社交网络两方面的关注。

当时，有一位长期住在隔壁招待所的数字游民[①]在推特[②]上写道："白马村的岩岳山顶上有个即将开放的秋千，我去的时候还在施工，你们不觉得很酷吗？"该推文被大量转发。以此为契机，日本各地的主要电视台几乎都来采访了。

后来，很多游客把自己荡秋千的视频上传到社交网络上，因此消息很快就扩散开来了（图7-2）。

图7-2 "Yoo-Hoo! SWING"的游人络绎不绝

---

① 指不需要办公室等固定工作场所、利用网络数字手段完成工作的人。——编者注

② 推特，社交媒体；现已更名为X。——编者注

多亏了网友帮忙宣传，在8月中旬的盂兰盆节①和9月、10月的小长假期间，游客从早上开始就蜂拥而至，体验"Yoo-Hoo!SWING"最多需要等待接近5个小时（当然，因为我们发了号码牌，游客不用在现场等待，可以在岩岳的山里悠闲地游玩）。

我们原来在内心深处没当回事，觉得"不过是秋千而已"，面对这样的盛况，也是大吃一惊。

⇒ 索取报酬，才能继续发展

2021年，一年间共有近3万人体验了"Yoo-Hoo! SWING"。每人收500日元，仅秋千一项的销售额就超过了1000万日元。

我们使用这笔资金，购买了山地卡丁车，建造了"白马片刻之森"，完善了能让顾客开心游玩的下一个服务项目。

在很多乡下的观光设施中，我们都可以看到有魅力的服务项目在免费开放，可能这源自让游客尽可能开心游玩的服务精神，但我认为这种做法不会长久。

即使游客的人数因此暂时增加了，其吸引力也迟早会减弱。这样一来，我们就无法获得足够的维修费用，最终只能在设施的一角逐渐腐朽……我经常看到这样的光景。

这样的话，无论到什么时候都无法实现地方振兴。**做出有价**

---

① 又叫中元节，在农历七月十五日。——编者注

值的东西后，索取相应的报酬，这不是什么丢人的事情。这在商业领域是理所当然的事。

将得到的报酬用于下一个项目的投资，不断提升整体魅力。这种思维方式是非常必要的。

⇦ 永远的竞争对手！

我在第一章中把白马岩岳的业务定义为度假。

按照这个定义，我认为东京迪士尼乐园是我们强有力的竞争对手（这当然是我单方面的想法）。

东京迪士尼乐园为什么会有那么多的游客，而且是那么多的回头客呢？当然，原因有很多，但我认为最重要的原因是它在内部形成了正向循环："每年都要增加新的设施，每个季节都要举办相应的活动，在稳步吸引游客的同时慢慢提高收费，将从中获得的资金投入下一个游乐设施和活动的建设中，让游客不会厌倦（还想再去）。"

1983年刚开业时，东京迪士尼乐园的一日护照费用是3900日元，比很多滑雪场的一日上山票还便宜。

后来，每隔几年其价格就会以数百日元为单位上涨，最近价格最高的一天达到9400日元。这是近30年来基本保持不变的上山票价的2倍左右。

那么，去东京迪士尼乐园的游客减少了吗？并没有。开业第一年只有 1000 万人次的客流量，在因新冠疫情开始限制入园人数前已经接近 3000 万人次。

当然，这期间它那里还开了迪士尼海洋乐园，园区的容纳人数也大幅增加，所以进行单纯的比较没有意义。

但是，我认为这还可以证明，**"即使提高价格，只要充实相应的服务项目，游客人数也会增加"**。

另一个大型主题公园日本环球影城（USJ）也是一样的。在低谷期的 2009 年，门票价格为 5800 日元，到 2019 年涨到了 8700 日元。但是，它每年的游客人数却大幅增加，从 700 多万人次增加到了 1400 多万人次。

🔄 国外的滑雪场行业

实际上，国外已经实现这种**"正向循环"**的滑雪场企业不在少数。

具有代表性的例子是全球最大的滑雪场运营公司之一——美国的"范尔度假村集团（Vail Resorts Management Company）"。曾经有一段时间，该集团被阿波罗管理公司投资基金持有，现在正在执行经营标准的"正向循环"战略。

范尔度假村可以说是该公司的旗舰滑雪场，2005 年当天销售的一日通票的价格是 77 美元左右。而到了 2022 年，价格竟然上涨到了 239 美元。游客人数在 2005 年是 150 万人左右，而在疫情之前是每年 160 万人左右。大致相同，或者稍有增长。

几年前我也曾在范尔度假村滑过雪。与日本国内大部分滑雪场相比，它的缆车都是崭新的，速度也很快，而且距离更远，顾客对滑行的满意度非常高，这一点给我留下了深刻的印象。它那里的座椅上装有电热器，乘客在乘车过程中不会感到寒冷等，可见他们的工作人员在设计上花了很多心思。

它那里的餐厅和街道都是崭新的，游客在滑行之余也能愉快地度假。此外，滑雪场内还提供免费的曲奇饼干和热柠檬水，在很多地方还会举办音乐演唱会。作为一个度假胜地，这里的活动非常丰富，让我很吃惊。

我在采访范尔度假村的管理层时，他们也明确表示：**"通过加大投资、增加服务内容来提高游客的满意度，最终实现门票价格的提高，这样才能创造出永久持续的商业模式。"**

回国之前，一想到日本国内滑雪场的现状，我就觉得彼此之间的差距很大，那段记忆至今仍历历在目。

➡ 反观日本的滑雪场行业……

类似的休闲产业，在国外也有顺利实现正向循环的例了。

与之相比，在日本滑雪场业界，似乎只有恶性循环的例子。这里所说的恶性循环是指以下内容：

- 行业内的过度竞争导致低价竞争横行。市场无法扩大，收益不断下降。
- 很多滑雪场无法对设备进行充分的投资，无法向游客提供丰富的服务内容。
- 无法提供让游客兴奋的体验。
- 越来越多的人开始远离滑雪场。
- 进一步通过低价竞争来维持游客人数，导致收益恶化。

坦白地说，通过巧妙地发现并打磨隐性资产，努力提高游客平均消费金额的日本滑雪场数量并不多。这样一来，我们就无法在服务内容上拉开差距（图7-3）。

因此，在日本，通过比其他滑雪场收费更便宜来吸引游客的低价竞争横行一时。

⇌ 全行业爆发低价竞争

在滑雪行业，还没到旺季，各家滑雪场就纷纷开始销售"预售打折票"了。这一惯例在日本已经根深蒂固。这种做法的目的是尽可能早一点确保游客人数，轻松维持资金的流动。10—11月期间销售的这些门票，会在平时价格的基础上打6~8折。

说真心话，这是"因为有人在做，所以我们不做的话可能会失去一些游客"的恐惧心理驱使着大家一起做的结果。可以说这

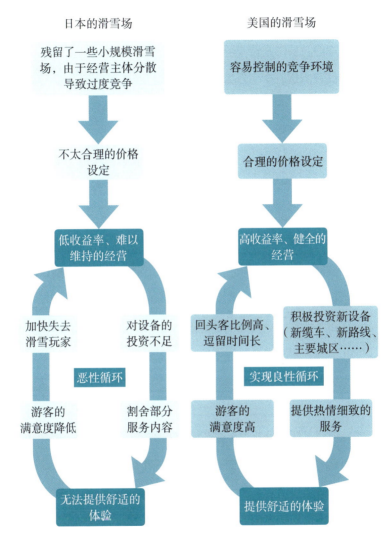

图 7–3　恶性循环的日本滑雪场和良性循环的美国滑雪场

　　注：与日本相比，美国滑雪场的收益率高。它们通过追加投资，进一步提高游客的满意度，形成了良性循环。

是一种非常令人遗憾的措施，**很有可能导致原本可能以接近原价购买门票的游客也跟着享用优惠价了。**

即使在滑雪旺季，各家滑雪场也会打着优惠券的旗号，实施各种降价促销。甚至，有人将各家滑雪场的优惠券汇总在一起，用各家滑雪场的广告费制作成宣传单，在体育用品店和高速公路的服务区等地方散发。

在这样的情况下，购买优惠票也逐渐成了游客眼中理所当然的事。最极端的例子是，有人直接打电话到滑雪场询问"在哪里能买到优惠票"，或者当天去售票窗口询问"有没有优惠票"。（假如窗口发售优惠票的话，那上方标明正常价格的招牌就没有意义了吧。）

在日本滑雪市场萎缩的情况下，为了吸引新的滑雪爱好者而采取的措施，有时也会导致低价竞争的加剧。

某大型旅游网站牵头举办了一场"×岁免缆车票"的活动，目的是"为大学生创造滑雪的契机"。这对游客和旅游网站是有利的，但对于滑雪场来说，并没有什么好处。因为这样一来，相当于自己降低了门票的价值。由于无法获得收入，滑雪场也就无法进行下一次投资。

有几家滑雪场推出的"儿童免缆车票"活动也是如此。虽然能暂时吸引来附近滑雪场的游客，但最终会导致行业的利润总额（利润池）下降，使得整个行业的设施越来越陈旧。

⇨ 经历了新冠疫情之后，低价竞争进一步加剧

新冠疫情加剧了这种低价竞争。

县内某滑雪场得到地方政府的补助，开始了"本滑雪季门票全部半价"的活动，结果游客蜂拥而至。邻近乡村的滑雪场失去了客源，不得不在滑雪旺季的中途开始推出"我们家也半价"的促销活动。其邻市的滑雪场更是苦不堪言，推出了"×月×日县民免费"活动……

第二年，长野县和新潟县在旅游旺季一开始就争先恐后地展开了支援滑雪场大幅度降价的活动。

这些活动作为"强心剂"，对于拯救因疫情影响而陷入危机的滑雪行业具有重要意义。但是，**如果将此举措常态化，游客眼中的正常滑雪价格就会大幅下降**。这样只会带来风险。

考虑到这样的促销活动结束后的状态，对于滑雪场业界来说，这并不是一项能让人尽情高兴的措施。

至少，在这些"强心剂"发挥作用的期间，各家滑雪场应该做好后续投资。

这样滑雪场才能为游客提供比以前更高的价值。如果没有付出这样的努力，振兴滑雪场简直是痴人说梦。

➡ 在人口减少的社会建立可再生产的产业结构

今后我们将进入人口减少的社会，特别是热衷于滑雪、单板滑雪的年轻一代的人口将急剧减少。因此，对于今后的滑雪场来说，很遗憾，日本国内市场在一定程度上缩小是不可避免的。

在这样的情况下，如果只是重复低价竞争的话，这个行业会变成什么样呢？

一方面背负着越来越老旧的设施，另一方面每年的现金流量越来越少。没有钱就不能更新设施。如果缆车变旧了无法运行的话，滑雪场就走到尽头了。滑雪场一旦关闭，附近的住宿设施、餐馆、租赁店等也不得不关门停业，结果导致当地的社会经济崩溃……

虽然这是一个谁都不愿看到的未来，但是如果和往常一样仅仅依靠低价竞争来吸引周边滑雪场的游客，这样的结局可能就会成为现实。

那么我们该怎么做呢？

我再次强调，要想在这样的环境中生存下去，只有提高价格。为此，滑雪场必须关注自己拥有的隐性资产，将其作为服务项目进行打磨，提高游客愿意支付的价格。

这样一来，滑雪场就可以在更新陈旧设施的同时，新开发一些更具魅力的服务内容。如果滑雪场产业不能实现这种再生产，那么整个行业都有可能成为"濒危物种"。

🔹 日本国内滑雪场唯一的贵宾服务"白马S级"贵宾诞生

如果很难针对全体游客涨价，就有必要对市场进行细分。也就是说，我们可以针对有特定需求的游客改变服务和商品的设计，相应提高费用。

基于这样的想法，白马岩岳于2019年推出了日本国内唯一的头等贵宾项目"白马S级贵宾休息室及优先权一卡通"。这是将使用多个休息室、优先搭乘缆车、优先使用停车场等各种各样的豪华服务打包在一起的项目（图7-4）。

图7-4 "白马S级"贵宾可以使用的休息室

该项目提供以下服务，收取的费用大约是普通缆车票的两倍。

- 使用位于山顶餐厅 2 楼的"山顶休息室"。
- 使用位于半山腰的"主休息室"。
- 优先搭乘缆车和电梯，可以避免最多长达 30 分钟的排队时间。
- 使用紧邻山麓缆车乘车点的专用停车场。
- 使用位于山麓基站的衣帽间。
- 在正式营业开始前的早晨，可以独占没有人滑行的滑雪场，实现当天的"第一滑"。
- 免费享受附近的温泉，以抚慰滑雪后疲惫的身体。

虽然这些服务还没有被广为人知，但越来越多的游客在享受完一次服务后会极力称赞说："这是岩岳不可或缺的亮点。"

实际上，该项目的使用人数也在逐年增加。第一年只有 600 人，第二个滑雪季增加到了 900 人，最近的 2021—2022 年滑雪季达到了 1400 人，为滑雪消费单价的提高做出了贡献。

这种在细分市场的基础上提高单价的措施，并不仅限于"导入不同的服务"，也包括重新审视现有折扣券的构成。也就是说，要取消**"只有那些真的没有折扣就不来的人，才能得到的折扣"**，通过取消不必要的折扣或修改过度的折扣，来提高单价。

为了做到这一点，我们有必要仔细分析一下性价比，衡量过去只是因为习惯而不断推出的优惠券等折扣是否真的有必要。

这与提高整体价格相比，来自游客的负面反应更有限，因此可以说是比较容易导入的措施。

⇒ 继续努力提高客单价

通过这样的努力，近年来白马岩岳在一定程度上成功提高了游客消费的单价。

我们在滑雪淡季增加了"Yoo-Hoo! SWING"等各种项目的收入，调整了缆车往返的费用等；冬季滑雪旺季采取的主要措施有：取消了极端便宜的打折券，增加了餐饮设施，导入了 S 级贵宾制度，等等。

这里所说的游客消费单价是指用包括绳道（索道和缆车的总称）、餐饮、商品销售等在内的度假区整体销售额除以游客人数得出的值。这个数值从 2018 年开始的 4 年间得到了提高：滑雪淡季的客单价从 2800 日元左右升至 3500 日元左右；冬季滑雪旺季的客单价从 3300 日元左右提升到了 3600 日元左右。

我们将这些获得的额外收入用于投资有魅力的新设施和新活动。这也进一步带来了额外收入（客单价增加），确保了回头客。

虽然和欧美的滑雪场相比还差得远，但是我认为一种正向的反馈体系确实已经开始运转起来了，对此我很有信心。

如何告别低价竞争？这恐怕**不仅仅是滑雪场的课题**。

泡沫经济崩溃以后，日本国内市场一直处于通货紧缩的状况。在这样的情况下，住宿、餐饮、商品销售等整个观光产业（甚至包括所有其他的一般产业）都无法再通过提高价值来提高价格（这原本是理所当然的事）了。

媒体的报道方式也以"便宜即是正义"为基调。他们动辄就把涨价这件事写成新闻，只把采访中观众对涨价的不满截取出来，作为特写镜头播出。

泡沫经济破灭以后，抑制投资会导致各种资产逐渐老化。在这种情况下，不仅是供给侧，需求侧和媒体等也需要转换思维。我想应该不止我一个人这样想。

在第七章中，我为大家介绍了如何持久地打磨隐性资产。

提供充实的服务内容，就应当收取合理的报酬，然后将增加的收益好好地用于下一次投资。

我们需要通过这样的方式，摆脱一直以来在降价竞争中备受煎熬的状况，建立长久的商业模式。

在第八章中，我想就构建长久持续的商业所不可缺少的另一个要素进行说明。

 第七章小结

☑ 免费服务绝对不会长久。

☑ 尽快摆脱低价竞争。

☑ 提供有魅力的服务内容，理直气壮地收取合理的价格。

☑ 用获得的资金不断开发新的魅力和服务内容。

☑ 以新的魅力和服务内容为轴心，进一步提高客单价，获得利益，然后再开发下一个魅力和服务内容，形成正向循环。

第八章

等一下！越是进攻的时候，成本管理越重要

有助于打磨隐性资产的成本管理

顾客可以一边欣赏美景，一边享受"白马德里"的人气美食。

餐饮店通过在保证菜品质量的同时降低成本，实现了利润率的大幅度提高。

"昨天的降雪预报也错了呀……糟了，这样下去，可能到新年都没办法开放滑道。"

2019 年的圣诞节早晨，浩司大声叹着气来向我报告时，这样说道。

按照往年的惯例，从年末年初到成人节①这段时间是极为重要的时机，游客人数将占整个滑雪季人数的 20% 左右。

但是这一年，圣诞节的寒潮没有如期而至。到了 12 月 30日，我们才终于开通了两条山顶的短滑道。自然，几乎没有游客愿意来玩。

结果，这个滑雪季由于冬季气压分布不持久，不易受冷空气影响，日本全国持续出现暖冬少雪的倾向。这是自 1961 年日本开始统计以来，最温暖、降雪最少的冬天，刷新了历史纪录。

在白马地区，白马岩岳的海拔较低，位于距北阿尔卑斯山稍远的地方，与附近的滑雪场相比，原本就降雪量较少。这个冬天又是创纪录的暖冬，整个滑雪季都处于非常严峻的状况：山脚下的上山电梯全都没有运行，游客人数还不到前一年的一半。

2019 年的滑雪淡季，"白马山港"开业后首次从春天营业到秋天，吸引了上一年度两倍以上的游客。"照这样下去，冬天也

①　每年 1 月第二周的星期一，为法定节假日。

会很火吧。"正当我们志得意满的时候，却被现实兜头泼了一盆冷水。

⇆ 出现创纪录的严重赤字

屋漏偏逢连夜雨，猛烈的逆风还在继续。2020 年 3 月，新冠病毒在日本国内开始迅速扩散。在滑雪淡季即将开始的黄金周① 前，政府发布了紧急事态宣言，我们不得不暂缓营业。

我们公司是 7 月结算，结果到 7 月末为止，都没能吸引多少游客。原本期待的音乐节也延期了，经营情况一直很糟糕。

结果，2020 年 7 月份结算时，公司的年销售额下降到上一年度的七成左右，出现了过去 10 年当中最严重的赤字结算。如果连续两年出现这种严重赤字的话，滑雪场的生存也会受到威胁。

新冠疫情也完全没有结束的迹象。我们一致认为这是非常时期，所以决定推进改善工作，打造"即使游客人数不增加也能赢利的机制"。

在讨论过程中，我们清楚地认识到："出现巨额赤字的原因，不仅仅是降雪量少和疫情造成的销售额锐减。即使销售额有所增长，我们也没有切实地获得利润。"

———————

① 指"五一"前后。

⇌ 随着销售额的增加，成本高的事实被掩盖了

2019 年的 7 月，由于"白马山港"的开业等原因，滑雪淡季的游客人数大幅增加，冬季的入境游也很坚挺。与上一年度（2018 年）相比，销售额增加了大约 30%。但是，利润与前一年相比却几乎没有增加。

原因在于成本管理的薄弱。

因为游客突然增加，为了不降低游客的满意度，各部门都加派了人手。另外，在不熟悉的滑雪淡季举办多项活动也导致了成本的提高。同时，销售额剧增的餐厅部门也没能很好地控制成本率和损耗。

总而言之，各种因素导致滑雪场形成了"成本与销售额一起增加"的机制。

旅游业，特别是滑雪场产业，基本上属于设备产业。其特征是，固定费用占整体成本的比重较大，而销售额超过盈亏平衡点时，超出的部分大多会转化成利润。

之前，由于市场规模缩小而逐年下降的销售额，通过在滑雪淡季采取的措施得到了提升。这样一来，人们关注的焦点就会集中在如何不断地提升这部分收入上面。虽然销售额的增加带来了一定的利润，但在这种情况下，我们并没有充分重视成本管理。

结果，在"为了让游客玩得开心"的名义下，一些未必能让

游客满意或吸引更多游客的服务项目的成本也增加了。

本来应该转化成利润的销售额被成本抵消了，再加上降雪量少和疫情造成的销售额减少，结果一下子变成了巨额赤字。

正如我在第七章中所写的那样，在切实提高客单价、增加销售额的过程中进行下一个投资是很重要的。但是，在这种"销售额上升，利润却不上升"的状态下，情况就不会有任何改变。

越是进攻的时候，越容易松懈防守，所以彻底进行成本管理，实现下一个投资项目是非常重要的。

紧急状态下的预算编制

2020 年春季实施的预算编制，可以说关系到公司的生死存亡。

正好在那个时候，以前在另一家滑雪场担任总经理的星野裕二先生作为管理部门的董事来到了白马岩岳度假村。

星野先生和我开始齐心协力地讨论"即使销售额与前一年相同，也能产生利润的预算"。我们不停地和以健司为首的现场团队进行交流，最终编制出了具有现实可行性的预算方案。

星野先生在公司里的绰号是"成本管理恶魔"和"亲力亲为的财务部长"。我们编制了完全符合这个称呼的预算。

预算的方针是"尽一切可能"，总之就是要彻底重新审视成本结构。如果能够切实执行这一严格的预算，我们就有可能建立进一步改善经营状况的机制。

"尽一切可能"的例子之一，就是"亲力亲为的财务部长"提出来的削减停车引导成本。

我怎么也想不出"尽量不给游客带来负面影响，又能降低成本的方法"。正愁得直哼哼的时候，星野先生说："我们每年要花500万日元来雇人引导停车。这个工作由我们来做的话不就可以节省一笔成本吗？"

"反正周末我们也不在办公室上班，总会有办法的吧。"既然财务部长说要亲自去做，我们就没办法拒绝。

最后，我们这些在周末和节假日工作较少的事务性人员，决定在必要的时候负责引导停车。提议人星野先生和我几乎每个周末都要参与引导停车的工作。

⇨ "尽一切可能"的成本管理措施

除了引导停车的工作，我们还做了以下能做的一切。我们付出了很多心力。这些可以说是极为寻常的成本管理措施，但需要不断积累。

2020 年夏天以后导入的主要成本管理措施
【重新评估采购成本】

● 有些店铺的食材成本率接近 40%，因此我们让每个店铺都设定成本率目标，要求各店铺重新评估菜单、销售单价、进货成本等。

【重新评估人工成本率】

- 要求各家餐厅在调整菜单结构的同时，减少操作所需人数。根据忙碌的时间段灵活安排轮班。

- 小卖部和咨询中心、票务中心等的位置相近，但繁忙的时间段不同，可以实行多轮班化（1人处理多个业务）制度。

- 对于上山吊椅，要测算每个季节和每天的乘车状况。如果游客的需求极少，即使变更也不会对游客的满意度产生太大影响的话，就要重新评估这条索道的营业时间和天数。对于只在短时间内运行的升降机，管理层、事务所、营销人员等非一线人员可以灵活地进行轮班，以减少需要常驻岗位的人数。

【根据繁忙的时间段灵活调整现场值班的人数，控制一直以来过多的淡季人工费，让闲置人员创造更多的销售额。】

- 开发自有产品，创立"白马德里"品牌，开始生产和销售加工食品。在春季和秋季的停运期间（每年2个月左右），派餐厅的工作人员前往食品工厂，进行腌菜等的制作。

- 开始承接田间除草、活动帐篷的搭建等各种外包业务的订单（我也习惯了使用除草机，也能熟练地帮雪峰公司搭建帐篷）。

【大胆地重新评估外包成本，将能内部负责的改为内部解决】

- 为了削减除雪成本，健司决定每天早上很早出来用推土机除雪。
- 其他"虽然很辛苦，但自己也能做到的外包工作"基本上都以内部解决为主。

【关闭经营亏损的直营店铺，并引入其他行业的商户，增加销售额】

- 关闭那些每年一到降雪量少的季节就出现巨额赤字的店铺，引进滑雪淡季也能活用的室内蹦床设施，进一步增加收益。

⇒ 通过与当地名店合作控制成本

这些措施的具体例子之一，就是与白马村的名店"深山成吉思汗"的合作（图 8-1）。

"深山成吉思汗"是能吃到最好的新鲜羊羔肉的餐厅。在东京开了很多家餐饮店的 FONZ 公司的小山总经理和茶巴蒂的平

图 8-1 "深山成吉思汗"店铺

川总经理都交口称赞它的菜品。他们说"这是在东京也很难吃到的水准"。健司和我去那里吃饭的时候，我们和店长讨论了"如何优化我们主餐厅的成本率、人工费率"的问题，当时产生了一个合作的想法，最终开花结果了。

那就是他们使用日常烹饪过程中剩下的边角料制作咖喱菜品，交给我们的主餐厅销售。

通过使用那些原本不得不丢弃的边角料，我们可以将成本控制在合理的范围内。尽管成本较低，由于是一流的厨师使用上等的食材烹饪而成，所以做出来的咖喱菜品仍然非常美味（图 8-2）。

另外，咖喱菜品不需要每份单独烹饪，属于操作起来负担较

图 8-2　兼顾了"美味"和"降低成本"的极品羊肉咖喱

小的菜品。随着销售量的增加，相当于每份菜品的制作时间减少了，人工成本的效率也得到了很大的提高。

　　我认为这些创意都是从严格的预算设定中产生出来的智慧。

导入店长制度

　　想要从预算方面优化成本，如果只是用数字来编制方案也没有意义。

　　归根结底，最重要的是建立机制，让严格的预算在现场得到切实执行，并在现场得到进一步优化。

　　从这个意义上来说，我们几年前开始导入的"店长制度"发挥了极大的作用。

　　在从事餐饮、商品销售的各个店铺当中，以及负责索道（吊椅和吊舱等）、票务中心等的各个部门当中，不论年龄大小，只要是我心中认定的合适人选，就会被指名为店长、副店长。我为每个店铺准备了简单的店长工作表，让他们可以从预算阶段开始设定目标，并管理进度，每周进行跟踪。

　　在店长工作表上定期跟踪的指标，并不是滑雪场宏观层面上的（例如来白马岩岳的游客总人数），而是通过各家店铺的努力就能改善的主要项目。

　　例如关于餐厅的销售额，我们只对以下 3 个指标进行跟踪：

- 进店单价（店铺销售额 ÷ 总进店人数）；
- 利用率［消费人数（结账次数）÷ 总进店人数］；
- 收银单价［店铺销售额 ÷ 消费人数（结账次数）］。

　　用公式来说就是"进店单价 ＝ 利用率 × 收银单价"的关系。因此，关于销售额，店长应该关注的最重要指标是进店单价。

　　如果这个数字与预算、前一年、前一个月等相比出现了恶化，那么我们马上就能明白应该是利用率和收银单价中的任一项或两项都出现了恶化。

　　到这里为止，我们可以通过店长工作表在某种程度上机械地追踪，但之后的事就没办法了。找出特定指标恶化的原因，制定对策，并付诸实施，这部分就靠店长的能力了。

如果利用率变差了的话，他们可以试着做季节限定的促销活动，以增加在社交网络上的曝光率，比如在周边立广告牌，导入套餐打折。他们会在现场观察每个时期的游客流量，迅速思考并提出自己认为有效的对策。

另外，关于成本的部分，我们基本上是让他们把精力放在控制好"成本率"和"人工费率"上，也称 FL 比率（Food and Labor）。为了把这个比率控制在 50% ~ 60%，他们每天都要进行严格的管理。

当然，水电费、煤气费、维修费、办公用品费、折旧费等其他费用项目的管理也很重要。但是这些项目很难每周进行追踪调查，因为公共经费占比较大，所以对每家店进行详细盘点并没有太大意义。因此，我们的做法是确认每个月整个部门的预算是否超出，发现有问题就尽快制定对策。

通过以上做法，我们把店长、副店长应该关注的指标简化了，让他们的注意力得以集中，目的是缩短"确定问题—制定对策—执行"的周期。

⇒ 现场改善能力将成为最重要的能力

每周一或周二之前，各位店长要用邮件汇报上周的各项指标的动向。此时，我会让他们写上背后可能存在的问题，以及针对这些问题的对策。

我和"亲力亲为的财务部长"星野先生、健司等管理层经常检查这个"店长工作表"，确认店长对数据处理是否得当、对问题的认识是否正确、针对问题采取的对策是否恰当、是否正顺利执行前一周出台的对策等，并及时反馈。

我觉得信息不足时，就会去现场看看，或者和他们一起工作。这样我就可以更深入地理解问题，和店长一起探讨下一步的对策。

正式导入这种制度已经有两年了。现在，我切实地感觉到与店铺的沟通已经变得非常有效了。

果然**对于现场的问题，还是现场的人有最细致、最正确的认识**。他们想到的对策，如果能在经营方面给予充分的支持（人力、资金、智慧等方面的支持），店长和副店长也会带着更强的责任感投入店铺的运营当中。

实际上，在 2020 年 7 月份公司陷入巨额赤字的危机状况后的两年里，FL 杠杆比率 [1] 大约优化了 20%（虽然也有原来过高的原因）。每周店长和副店长提出的对问题的认识和对策的准确度也在提高，能够更快速地应对游客的需求。

这些措施主要是**以门店为单位彻底进行财会管理**。在大企业，这只是理所当然的做法。

---

[1]　FL 杠杆比率是衡量企业财务结构的重要指标之一。——编者注

但是，我感觉乡镇企业和中小企业在这一点上往往没有很好地分配精力。

刚开始的时候，导入这一机制会很困难，管理层的持续关注也是不可缺少的。但正因为如此，一旦导入，它就会对经营产生巨大的影响。

🔁 对工作人员的努力和成长给予回报，有利于下一步工作的开展

我们就这样迎来了 2021 年 7 月份。

年末年初、黄金周、暑假等原本客流量较大的时期，新冠病毒不断蔓延，每当疫情严重时政府就会发布紧急事态宣言。

虽然大环境如此艰难，但无论是滑雪淡季还是滑雪旺季，最终我们都成功吸引来了比上一年更多的游客。我认为这是各种各样的原因综合在一起产生的效果：游客"在家待够了"，户外活动让人感觉放心，"Yoo-Hoo! SWING"等新项目获得了好评，等等。

结果销售额也增加到了比两年前（2019 年 7 月份）略高的水平，而比这上涨幅度更大的是营业利润。

我们制订了"即使销售额不增加也要赢利"的计划，虽然相当严苛，但是各个部门都贯彻了超过这个标准的成本管理。同时，因为在此基础上没有降低游客的满意度，我们才能做到提高

利润。

对于白马岩岳来说，尽管这一年饱受疫情的困扰，但在2021 年 7 月份，竟然达成了泡沫经济崩溃以来的最高利润额。

只有这样，我们才能将利润用于下一次有效的投资。一方面我们要做好类似在前文介绍过的游乐设施和活动的企划，以及对旧设施进行改造和修缮；另一方面也很重要，**就是要好好回报员工的努力和成长，提高他们下一步工作的动力。**

2021 年 7 月份是我担任总经理以来第一次发放丰厚的奖金。因为长期经营困难，工资几乎没有上升的空间，而这次基本上给所有人都加薪了。

一到周末，我每天都要引导停车、在田里割草、负责操控吊椅，确实是筋疲力尽的一年。但是，**员工们拿到奖金时的喜悦之情，**给我留下了最为深刻的印象。

年轻员工（其实是入职将近 20 年）浩司对我说："滑雪场的经营越来越困难，我们最近十多年根本就没有拿过奖金，所以我很吃惊。但更让我高兴的是，因为我们团队的所有人共同努力，做出了成绩，才拿到了奖金。"这番话至今让我记忆犹新。

⇔ 不能忘记"规模经济"和"竞争原理"

像我们这样的地方中小企业要想切实推进成本优化，除了前面介绍的**"制定正确的预算"**和**"在现场做到细致的损益管理"，**

还有两点非常重要。

那就是如何活用"规模经济"和"竞争原理"。

我曾在贝恩公司工作，公司的战略理论的支柱之一就是"Leadership Economy"。这个词的意思是，只要是在正确定义的市场当中，几乎所有行业中规模最大的领导者都能享受最高的利润率。

原因有两个：其一，领导者能对供应链的上游和下游拥有强大的谈判力（讨价还价的能力）；其二，领导者可以更快地脱离经验曲线。这就是所谓的"规模经济"。

另外，像滑雪场行业这样规模小、萎缩趋势明显的市场，上游供应商的数量也越来越少。主要零部件的供应商实质上处于寡头、垄断状态的情况并不少见。

在这样的行业结构中，即使是购买大型商品，滑雪场也很容易因为"之前从那里买过"这种简单的理由，不进行深入思考就决定购买厂家。其结果就是缺乏"竞争原理"，滑雪场本该让多家公司报价，促进竞争，一直谈判，直到降到合理价格为止，却懈怠了这种理所应当的努力。

我认为这种"规模经济"和"竞争原理"的缺失，妨碍了地方中小企业和家族经营的公司优化成本。如果注意到这一点，中小企业只要想办法就能把成本降低到适当的水平。

通过全面的努力削减成本

我在第四章中讲过，通过"面"而不是"点"来寻找隐性资产，会有更好的效果。**关于成本的优化，我们也可以从"面"上而不是"点"上来考虑，这样更容易活用规模经济和竞争原理。**

我在第三章中介绍过的白马谷公共自动检票系统的采购成本优化就属于这个例子。

单个公司的订单量很小，也没有参考价格，所以厂家也不愿意降价。

但是，通过以下流程，我们成功地大幅降低了初期成本。

- 通过探索从海外直接进口的可能性，使竞争原理发挥作用。
- 汇总 10 家滑雪场的订货量，打造"日本最大的项目"，激发制造商的热情。
- 对得到的多家报价进行详细的分解比较，如果存在不合理的高价，就要求下调。

此外，我在第四章中介绍的岩岳街区振兴项目也是如此。

在运营单个民宿的时候，他们无论如何都很难提高经营效率。因此，我们决定在该项目中将多栋建筑集中在一起运营，在各个方面发挥规模经济的作用，提高经营效率。这样节省下来的成本，就成了改造工程的重要原始资金。

我以前在农林水产省也见过类似的案例，很多小地方的产业往往都以"自己家"为经营单位。但是这样一来，规模经济和竞争原理就很难发挥作用了。其结果就是，面对农协 ① 等供应链上下游的人，他们的谈判能力也会变弱。这样一来，他们就很难提高经营效率。

最重要的是，我们不要因为"以前也是这样"而陷入思考停滞的状态。

在思考成本效率化对策的时候，请大家本着尽一切可能的精神，有时候还要推进产业结构本身的变革。

由此产生的利润要用于下一次投资。我认为，以此来激活地区经济正是当下的必要之举。

到此为止，我给大家介绍了发现并打磨隐性资产的方法，以及建立持续打磨隐性资产的体制的方法。

在第九章中，让我来解说一下整个过程中必不可少的思想准备吧。

---

① 日本农业协同组合的简称，相当于中国的农业合作社。——译者注

 **第八章小结**

☑ 请通过以下 4 种方法尽可能精简成本结构，将节省下来的成本用于下一次投资：
①编制正确的预算。
②在现场做到细致的损益管理。
③发挥"规模经济"的作用。
④引入"竞争原理"。

9

第九章
不试试怎么知道！胜负由"击球数量"决定

为了持续成长，积蓄"团队的力量"

我们首次在日本引进了源自德国的游乐设施山地卡丁车。乘坐卡丁车飞速卜坡时的爽快感，为我们吸引了众多粉丝。

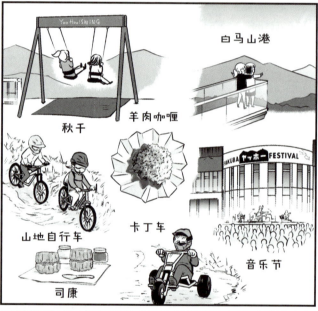

"哦？又要搞新项目了是吗？那里真是个好地方啊。好期待呀！那到底要搞什么呢？"

在 2020 年冬天之前，趁着疫情稍有缓解的时候，我们召开了久违的"白马国际交流会"。在讨论后来打造成"白马片刻之森"项目的创意时，之前一直不怎么参与讨论的浩司高兴地提高了音量。

直到几年前，白马岩岳的成员大多对新项目持消极态度，甚至觉得"很麻烦"。但是慢慢地，在开始挑战并完成新项目的过程中，越来越多的成员感到了乐趣，交流也变得更加顺畅。

没有什么"绝对会成功的秘诀"

在我受邀进行演讲的时候，在最后的问答环节，偶尔会有人问："为什么白马岩岳能够顺利地吸引来游客呢？为什么你们总是获得成功呢？如果有提高成功概率的秘诀的话，请教教我。"

当然，要想提高项目的成功概率，正如前文介绍的那样，发现并打磨隐性资产是不可或缺的，但是要说"一定会成功的方法"，那我也不知道。

不管是什么样的棒球选手，安打① 对全部击球数的比率能达

---

① 棒球运动的术语，指打击手把投手投出来的球击出到界内，使打者本身能至少安全上到一垒的情形。

到三成就已经很不错了，就连著名的铃木一朗选手也没有超过四成。做项目也与打棒球类似。

我们面对的是普通消费者。他们不一定会按照常理出牌。在这样的行业里，想要收获"百发百中"的成功，可以说是不现实的。

话虽如此，要想让地区充满活力，建立持久的商业模式，取得一定数量的成功是必不可少的。

因此，我认为归根结底最重要的是："连续不断地击球"和"组建一支能够连续击球的团队"。

总的来说，我谈及成功案例的比重更大一些，尤其在时间有限的演讲等场合更是如此，于是经常有人误以为"白马岩岳的挑战总是能成功"。

但实际上，在这些成功案例的背后，有一大堆"尝试过但没有受到关注就结束了的失败案例"和"说不上失败，但也说不上成功的尝试"。

因为这些失败的项目涉及很多相关人员，所以往往很难公之于众。在这里我也不想详细说明具体的案例，不过最终重要的还是"击球数量"。

⇨ 接连不断地打出小球

要想打出更多的球，我们首先需要保证即使失败也不会造成致命伤。为此，先从小事做起是必不可少的，我们必须避免在初期计划阶段投入大量资金，或者在特定项目上投入赌上公司命运的资金。

另外，我们也有必要准备好即使失败了也能及时止损的机制。此外，根据市场和竞争对手的情况等进行判断，从风险较小的项目逐步挑战也是很重要的。

基于这样的想法，白马岩岳在开始大项目之前，会尽可能地进行试验性的试点项目，如果进展顺利的话，紧接着就进入下一个阶段。

下一阶段的内容，当然要在事前考虑得非常具体。但是，我们会一边观察游客对最初的试点项目的反应，一边灵活地进行修正。

例如，关于岩岳山顶的整体构想，在最初制定"白马岩岳总体规划"的阶段，我们就已经对其进行了一定程度的粗略规划。但是，几年来实际执行的项目和那个阶段的设想有了很大的不同。

正如我们在总体规划中所描绘的那样，"白马山港"项目是第一步。作为试点项目来说，它的规模有点大。但是，即使游客人数没有达到预期，从其他区域的观景平台项目的效果来看，游客人数也有很大可能增加。这样一来，万一失败的话，损失就会较小。作为最初的一步棋，这绝对不是盲目的决定（幸运的是，游客人数大大超出了预期）。

此外，在总体规划中，作为第二波项目，我们还制订了建设森林中的空中走廊等计划。

实际推进时，在"白马山港"开业的第一年，我们简单地修建了一个小型平台"Yoo-Hoo! Deck"，气氛非常好，得到了很多游客的称赞。

在此基础上，我们可以判断，如果进一步放大其优点，成本就会比建设空中走廊更低，也更有可能提高游客的满意度。

于是在第二年，我们邀请雪峰公司担任策划，修建了"岩岳绿色公园"，将森林和草坪广场变成了时尚舒适的户外空间。

接下来进行的都是当初计划中没有的项目。

随着游客的增多，山顶整体的空间逐渐不够用了。因此，我们通过观察游客的动向，或者直接与他们交谈，发现"山顶的游乐设施不足，存在等待时间变长的倾向""绿色公园很拥挤，能放松的空间不足"。

基于这种状况，在"白马山港"开业后的第3年，我们决定将山腰部分的空间打造成"白马片刻之森"，游客从那里能眺望到与山顶不同方向的美景。

另外，在开业后的几年里，为了解决游乐设施不足的问题，我们还推出了"Yoo-Hoo! SWING"秋千等各种各样的新设施。

其中，游客对好几个设施的评价比预想的要差。不过，由于这些设施在一开始时就控制了初期投资，所以往往在一年内就及时止损了。

⇉ 必要的思考方式

如果从更抽象的角度进行说明，为了持续击打小球，你需要做好以下思想准备：

"持续击打小球"所需的思想准备

- 初期要制订整体计划，但不要在这方面花费过多的时间和金钱，先从可能造成的损失较小的部分开始不断挑战。
- 不要把初期的计划当作一成不变的东西，要认真观察游客对试点项目的反应，灵活地进行修正。
- 对于修正后的计划，也要从有可能实现的部分开始不断挑战，继续观察游客的反应，思考下一步的工作。
- 以你觉得有发展潜力的项目为核心，连续打出第二个、第三个球（指不断采取新的措施）。
- 即使有进展不顺利的项目也不要太过烦恼，你需要有及时止损的勇气。与其在失败的项目上耗费过多资源，不如把资源投入更有发展前景的项目，这样性价比会更高。
- 最重要的是"开始击球"和"以惊人的速度持续击球"。只有你提供的服务内容很有魅力，游客才会来玩。

特别是像我们这种 B2C 业务，经营的不是生活必需品，而是满足个人嗜好的产品，想要切实把握游客需求并做好准备是极其困难的。即使把握了游客的需求，我们也无法保证它是一成不变的，世间的形势变化很快。

在这种情况下，我认为必要的心态是"实践比计划更重要""集中推进实践反响好的事情"。

➡ 把更多的资源投入实践，而不是计划

与这种心态相对的是，在计划阶段就消耗了几乎所有的资源，仿佛认为"制订好计划就满足了""制订计划就是最终目标"。

在我担任官员和咨询顾问的时候，制订计划就是业务的主要目标。现在似乎要否定自己的过去，这让我有些苦恼，不过事实上根本不存在"一定会成功的计划"。

特别是在 B2C 行业，顾客不一定会按照我们的期待做出合乎常理的反应。在这样的行业里，无论你投入多少资源制订计划，成功的概率都很难提高。

我在咨询公司工作时，敬爱的前辈曾对我说过一段话，至今仍令我印象深刻：

"今后，对本质意义上的战略咨询师的需求将会减少。在数字化的世界里，打造试点项目的成本将会降低。此外，监测项目成果的成本也会大幅降低。

"这样一来，战略咨询师以前的思想——通过制订周密的计划来提高成功概率本身就行不通了。与其这样，不如灵活运用自

己公司的资源，以试点的方式推进项目，并据此进行修正，这样
应该更容易提高成功概率。"

　　当时我刚开始学习战略咨询师的业务，对这种自我否定式的
评论产生了轻微的抵触情绪。但是，现在回想起来，他真是独具
慧眼。我在自己创办的公司里切身体会到了这段话的价值。

⇛ 能持续击球的团队很重要

　　当然，无论经营者找到多么好的创意都是不够的。

　　一起执行项目的团队是不可缺少的。**灵活地对待事物，不局
限于自己所属部门的工作，而是扩大思考范围，全方位行动，主
动地发现问题，思考解决方案**——如果没有这样的团队，你就什
么都做不了。

　　本书中不仅出现了健司、阿悟、浩司等"白马国际交流会"
的成员，还提到了山地自行车团队的阿堀、"亲力亲为的财务部
长"星野先生、城市烘焙馆的年轻店长和副店长等值得信赖的团
队成员。

　　当然，我们这里还汇集了很多优秀的伙伴。

　　现场经理（人称"相泽工务店"）每天都负责管理索道部门，
只要现场有什么困难，他就会一声不吭地马上完成工作。

　　"技术部长"阿胜是"机器专家"，他能够立即修理出故障
的机器，与各种各样的制造商进行谈判，降低价格，同时也能一

手承担研发方面的行政交涉这一完全不同性质的工作。

年轻的约翰默默地做着营销相关的烦琐工作。

餐饮经理们对餐厅进行了彻底的 FL 管理，用两年时间进行了大幅度的优化。

另外，还有很多成员都是本地出身。

虽然不能在这里提到所有人，但我真的觉得他们凝聚成了强大的团队力量。

⇨ 团队的力量

每个成员的能力和热情固然重要，但也不存在那种单枪匹马无所不能的超人。彼此的不足之处，由其他成员来弥补，这样一个团队才能成立，这一点和团体运动是一样的。

我们的团队也不是一开始就有很强的凝聚能力。由于连续亏损，多年来投资和开拓新业务都受到了限制，在很多成员的意识里，"放弃"和"尝试新事物太麻烦"的想法都占了上风。

如果你要问我是否做了什么特别的事情，来激发这些成员的干劲，其实并没有。

不过，**我接连不断地采取了一些小的措施，一点点地取得成功**，从而增强了他们的信心。另外，通过比以往**更快的行动，我们在短时间内积累了很多经验，加深了团队交流**。

我感觉通过这样的努力，团队的力量慢慢地增强了。

➡ "早点脱离经验曲线"的重要性

我在第八章的"规模经济"部分也提到过，**"早点脱离经验曲线"** 非常重要。经验曲线的基本概念是，反复体验类似的事情，就能积累现场工作的经验，从而比以前更高效地进行工作。

如何增加"类似的事情"的体验 是非常重要的。

以我们为例，过去大多只能在冬天营业的餐厅设施，现在在夏天也可以运营了。这样一来，可以全年工作的员工人数急剧增加，他们即使在夏天也能体验到各种各样的业务。结果，即使是在繁忙的冬季，也能通过更丰富的经验，以比以往少很多的人数来应对。

当然，这也是通过导入店长制度彻底优化数值的结果。但不仅如此，如果没有每个团队成员业务处理能力的提高和现场服务水平的不断提高，恐怕就不会有这样的结果。

➡ 一起奔跑

在团队中，我的职责主要是通过**外部视角**激发成员的创意，引导项目逐步实现。

但不仅如此，我虽然是外行，却经常去各种现场。我认为通过和团队的所有成员一起体验发生的事情，才能作为团队的一员得到认可。

如上一章所述，在繁忙的日子里，我还负责引导停车和控制电梯、在餐车上卖冰激凌、在餐厅洗盘子等工作，也很开心地参加了割草和搭帐篷的工作。在修建"白马片刻之森"的时候，我开着翻斗车，把木屑运到山里，卸到货车上用手撒。

接二连三地做不习惯的事情，说实话并不轻松。但是，正因为我率先行动，周围的人才会觉得"**总经理都做到这种程度了，不努力也不行啊**"，从而不怕麻烦，和我一起不断挑战新项目。

另外，无论做什么工作，要想提升团队的力量，就必须**让团队中的每一个人"乐在其中，把工作当成自己的事情来思考和行动"**。

因此，我认为尽量不要自己单方面抛出创意（当然也有很多场合是因为自己忍不住才说出来的），通过对话进行引导，激发每个团队成员的创意也很重要。

此外，即使让他们挑战的新项目进展不顺利，我也会重视并表扬他们努力的过程，而不只是结果。如果是小小的失败，就尽量不在意。当然，有时我们很难 100% 控制自己的情绪……

我认为拥有"击球数量比什么都重要"的心态和团队一起成长的感觉是很重要的。

我来到白马村已有 8 年。

我和团队一起奔跑，共享成功和失败的体验，一起享受这个过程本身。我现在觉得，这才是振兴地方经济、振兴旅游业，乃至振兴陷入困境的产业的工作的妙趣所在。

那么，希望各位读者也能在工作中找到乐趣，一起在这个世界上快乐地战斗吧。

 **第九章小结**

- [✓] 根本没有"一定会成功的计划"。

- [✓] 首先需要接连不断地击出小球。

- [✓] 建立即使失败也能尽早撤退的机制。

- [✓] 在多个选项中，迅速地从损失较小的方案开始挑战。

- [✓] 必须有一个灵活且主动行动的团队。

- [✓] 通过接连不断地采取小的措施、增加经验、积累成功体验，团队的力量就会一点点地增强。

第十章
在整个日本寻找并打磨隐性资产

在白马村，乃至整个日本都有很多至今无人问津的隐性资产。找到并打磨那些资产，我们就一定能振兴日本经济。

"干杯！"

"历尽艰辛的项目终于有进展了。"

"哎呀，真是大起大落啊。不过，吊舱缆车一直是一块心病，这下终于可以换新了。"

"不不不，这只是迈出了第一步，大头还在后面呢。"

2022年9月9日晚，以"白马国际交流会"的成员为中心，"亲力亲为的财务部长"星野先生、"技术部长"阿胜等人也久违地聚在了我家。大家一边举杯庆祝，一边讲述过去的辛苦和今后的期待。

实际上，就在这天傍晚，我们发布了一个重大项目的新闻公告，向世人展示了项目的概要。它将会大大改变白马岩岳的未来。

这个项目就是新增的吊舱缆车。原来的缆车建成后，已经过了35年多，由于年久失修，再加上白马岩岳全年的揽客能力的增加，运输能力不足的问题日益突出，我们正式决定对它进行更新。

新设吊舱缆车是一项巨额投资，需要投入相当于好几年销售额的资金（图10-1）。

尽管对于我们来说，这是一条生命线，但随着泡沫经济崩溃后游客的急剧减少，如果按照原来的运营模式，这将是一笔很难承担的投资。

图 10-1　新吊舱缆车的计划示意图

　　但是，由于滑雪淡季的收入增加了，再加上公司上下都进行了彻底的成本管理，我们可以预见稳定的现金流量，所以这个项目才变成了现实。

🥽 故事才刚刚开始

　　就这样，我们开始一步步转型成国际水准的全季度假山庄，但实际上，我感觉故事还处于刚刚开始的阶段。以这次公布的项目为契机，白马岩岳乃至整个白马地区的成功故事即将正式开始。

单从白马岩岳的服务内容来看，本书中介绍的一系列"挖掘隐性资产"的动作仅仅是第一弹。终于有了传达原有魅力的途径，现金也有一点点富余了。多年来一直是重大课题的缆车、客栈等基础设施的更新计划，现在也只是迈出了第一步。

寻找并打磨沉睡在山中的隐性资产的旅程短时间内不会结束。

而且，要想以"度假胜地"的身份在国际上立足，并不是说一个滑雪场越来越好就足够了。

既然叫度假胜地，我们就必须能提供高质量的服务内容，让游客即使多住几天也能充分享受。包括晚上和天气不好的时候也能游玩的设施在内，我们必须加强街区建设，从整个面上打造繁荣兴盛的状态。

为此，我觉得有必要整合团队的力量，仔细观察白马地区的整体情况，继续寻找隐性资产，并不断打磨下去。

🔄 打造成真正的日本宝藏

如果白马地区能够升华为真正意义上的"国际水准的全季度假山庄"，那么所有人都会承认它是整个日本的宝藏之一。这才是我们真正的目标。

遗憾的是，我感觉今后的日本旅游业很有可能会因为少子化和国际竞争力的下降而苦苦挣扎。

即使在这样的情况下，我们白马团队的成员们也没有放弃，而是继续尝试如何利用隐性资产。我希望我们的努力能成为照亮将来日本社会的一盏明灯。

最后，希望读完本书的各位读者，一定要在各自所属的地区、公司、产业中找到隐性资产，并加以打磨。

我衷心祝愿各位不断积累实践经验，让各自的企业、地区、产业都能恢复活力。